R. DE SOUHESMES

De Saint-Petersbourg à Samarkande

PARIS
Augustin CHALLAMEL
17, Rue Jacob

DE SAINT-PETERSBOURG A SAMARKANDE

8° M
10017 bis.

Photocollographie J. Royer, Nancy

R. de SOUHESMES.

DE SAINT-PETERSBOURG

A SAMARKANDE.

BIBLIOTHÈQUE NATIONALE
RF
IMPRIMÉS.

PARIS
Augustin CHALLAMEL
17, Rue Jacob.

Photocollographie J. Royer, Nancy.

MOSCOU
—
ÉGLISE
DE
VASSILY

CAUCASE. — LES PASSES DE DARIEL

Phototypes de M. V. Riston.

Photocollographie J. Royer, Nancy.

DE SAINT-PETERSBOURG A SAMARKANDE

Il y a trente ans, Samarkande était au bout du monde. Un explorateur hongrois, Vambery, a raconté, dans une relation célèbre, mais invraisemblable, les aventures fantastiques et les difficultés inouïes qu'il rencontra sur son chemin. Il n'en est plus de même aujourd'hui, et, s'il est peut-être téméraire de venir raconter un voyage n'offrant plus, en somme, ni imprévu ni danger, il serait plus imprudent encore de formuler des appréciations reposant sur des conversations recueillies sans contrôle. — Aussi n'ai-je pas la prétention de faire de la science ; je note une impression et la donne pour ce qu'elle vaut.

En voyageant nuit et jour, sans jamais s'arrêter, sans manquer une correspondance, une voiture ou un bateau, on peut être en deux semaines à Samarkande. Nous avons mis trente-six jours pour y arriver, nous arrêtant à toutes les étapes de la route, accueillis partout avec une cordialité qui nous a fait oublier l'extrême longueur des parcours à travers les pays les moins pittoresques du monde.

I

SAINT-PETERSBOURG

L'alliance franco-russe et la visite de la douane. — Gendarmes d'opérette. — Popes maigres et cochers gras. — Les palais de carton. — Une cérémonie orthodoxe. — Les deux diacres et les soixante-dix millions de Saint-Isaac. — Saint-Pierre-et-Saint-Paul. — *L'odor di moujik.* — Les clés de Reims et le bâton du maréchal Davout. — Peterhof. — Van Dyck et Aivazowsky. — Pierre le Grand et le vicaire. — Cronstadt et le prêtre Jean.

L'express met cinquante-cinq heures pour franchir les 2.500 kilomètres qui séparent la France de Petersbourg, et nous nous sommes réveillés, un beau matin, au-delà de Kœnigsberg, près de la frontière de Russie. Le pays est plat, pauvre et froid ; pas de villages, les maisons, isolées, sont construites en planches, et un rideau d'arbres les protège contre le vent de la Baltique. Des pâturages humides nourrissent de maigres troupeaux, et d'innombrables cigognes se promènent familièrement parmi eux. La ligne, solidement palissadée contre la neige, longe le Pregel, assez profond pour porter des vaisseaux, et leurs hautes voilures, surgissant tout à coup au milieu de la campagne, rappellent la Suède aux abords du canal de Gœta.

C'est une petite rivière, presque un ruisseau, la Lipona, qui marque la frontière entre la Prusse et la Russie. Le long de la rive russe, un cordon de factionnaires, baïonnette au canon, s'échelonne dans les roseaux ; sur la rive prussienne, pas un douanier : le contraste est frappant. A Wirzbolow, voici les gendarmes du Tzar, leur sévérité est connue : personne ne franchit la frontière sans passeport, et on peut admirer la dextérité avec laquelle les douaniers savent retourner une malle. Pour le moment, le passeport français est la meilleure des recommandations ; il fera relâcher en notre faveur la rigueur du règlement, et nos valises ne seront même pas ouvertes : voilà le premier profit de l'alliance franco-russe.

Il faut bien le dire, la première impression est médiocre. Les gendarmes n'ont pas la tenue correcte de leurs collègues allemands, ils portent une vareuse bleu sale à aiguillettes avec une façon de bonnet de police rouge, doublé d'astrakan noir et surmonté d'un plumet blanc ; on juge de l'effet de cette coiffure d'opérette sur ces bonnes grosses figures barbues. Les douaniers sont complaisants, mais mal mis, et les hommes d'équipe, avec leurs casquettes graisseuses et leurs tabliers jadis blancs, paraissent n'avoir que des rapports lointains avec le savon. Le pays est plus misérable encore qu'en deçà de la frontière : beaucoup de gens vont nu-pieds, les hommes portent une longue redingote grise ou une sordide peau de mouton, le poil tourné en dedans ; les popes crasseux, cheveux au vent et barbe inculte, ont de misérables soutanes témoignant d'un maigre casuel.

Le lendemain, le train file au milieu des sapins et des étangs ; grâce au soleil, le pays paraît presque riant, les blouses rouges commencent à se montrer, et la gare de Gatchina est encombrée d'officiers portant le grand manteau gris sur l'élégante tunique blanche de la tenue d'été.

Arrivé à Petersbourg, on est assiégé par une nuée d'*isvotchiks* se disputant à grands cris les voyageurs ; leur chapeau en pot de chambre, leur vaste houppelande et leur ventre postiche étonnent toujours les nouveaux venus, mais les petits chevaux kirghis ont le diable au corps, et puis les voitures sont tellement étroites que c'est parfois bien amusant. Comme Washington, Petersbourg est une ville à distances magnifiques, mais les quartiers les plus renommés, la Perspective Newsky, la Grande Morskaïa, sont d'un intérêt médiocre : les magasins sont modestes et les pavés détestables. Il faut voir Petersbourg par la neige, en hiver, quand les traîneaux aristocratiques animent ces larges rues aujourd'hui désertes. Cependant quand on a franchi la double arcade fermant la place du Palais, la grande façade du Palais d'Hiver se développe dans toute son étendue : c'est vaste, c'est grand, les ministères forment un immense demi-cercle autour de la résidence impériale, mais toutes ces constructions sont peintes en jaune, et je les soupçonne fort d'être en imitation.

Ce qui est admirable, c'est la Néva. Le fleuve roule majestueusement ses vagues bleues sous les fenêtres du palais, tandis qu'en face, la forteresse Saint-Pierre-et-Saint-Paul, embusquée au bord de l'eau, laisse fuser au-dessus des bastions la flèche effilée de son église. Faut-il ajouter que la plupart des palais réunis au bord de la Néva sont peints en ocre rouge, en jaune pâle ou en bleu tendre, et que les moulures en ciment, les sculptures en carton-pâte, prodiguées sur leurs façades, dissimulent imparfaitement la pauvreté des dessous. La Russie ne serait-elle qu'une grande façade, comme le prétend Alexandre Dumas ?

Quand on a vu Souwarow caracolant en guerrier de l'*Iliade*, la maison de Pierre le Grand soigneusement mise sous cloche, et la célèbre statue où Falconet est parvenu à asseoir un cheval sur sa queue, on peut aller se reposer à Saint-Isaac.

Ne manquez pas, nous dit-on, d'y aller un samedi ; l'office du soir est d'une splendeur exceptionnelle.

On sait l'importance que la religion orthodoxe attache à la pompe de ses cérémonies, et l'on connaît les admirables chants de la liturgie grecque. La « chapelle » de Saint-Isaac est célèbre, presque autant que le diacre qui est devant l'iconostase au moment où nous entrons. C'est un homme superbe, avec de grands yeux bruns, de longs cheveux bouclés et une barbe amoureusement entretenue ; il officie avec grâce et ménage artistement ses effets. Les diacres des grandes cathédrales sont, du reste, choisis pour leur physique ou leur organe : il existe, dit-on, des concours à cet effet. Ceux de Saint-Isaac sont étonnants : l'un s'est fait une admirable tête de Christ, l'autre a une voix tonitruante qui fait l'admiration des moujiks. Il n'a qu'une note, comme Tartarin, mais quelle note ! elle brise les vitres, et, dans la prière pour le Tzar, cette note unique, renvoyée par les échos de la coupole, roule de voûte en voûte comme ferait un coup de canon. On raconte, à ce propos, qu'un prédécesseur du chantre actuel paria un jour contre un officier d'artillerie qu'il couvrirait la détonation d'une pièce de 4. C'était l'éternelle fable du bœuf et de la grenouille. Cette fois encore, l'*ultima ratio regum* eut le dessus : le diacre perdit son pari, sa voix et son emploi.

L'autre jour, j'assistais à la bénédiction du pain et du sel ;

la cérémonie était présidée par le métropolite, vieillard de haute prestance, à longue barbe blanche, revêtu d'ornements somptueux, et coiffé d'une mitre arrondie étincelante de joyaux. Le prélat descend du chœur et se mêle humblement aux fidèles pour bénir les aliments symboliques qui lui sont présentés ; interprète du peuple qui l'entoure, il invoque le Seigneur simplement, comme s'il lui parlait, et cette prière m'a paru infiniment plus touchante que les oraisons emphatiques de la liturgie romaine.

On comprend l'immense impression que produisent sur un peuple crédule et primitif ces cérémonies imposantes, encore rehaussées par l'incroyable richesse du temple où elles se déroulent ; les murs sont en malachite, l'iconostase de vermeil a des colonnes de lapis, et les icônes en or sont constellées de diamants. On m'a dit le chiffre de millions dépensés à Saint-Isaac, c'est fabuleux. Malheureusement, l'édifice menace ruine ; il paraît qu'il enfonce, et les ingénieurs pensent qu'il faudrait, pour faire contre-poids, élever une construction de volume égal de l'autre côté de la Néva, à l'extrémité de la couche géologique sur laquelle repose la cathédrale.

Ce qui frappe le plus, dans les églises russes, c'est l'extrême dévotion des fidèles ; à chaque instant, ils se prosternent et baisent la terre, en multipliant les signes de croix, réduits à un geste lassé et peut-être inconscient. Le culte des images paraît être leur seule prière, et la pensée est visiblement absente de ces pratiques rituelles, qui, si elles procèdent de la simplicité du cœur, témoignent d'un engourdissement de l'esprit. Ces manifestations répétées sont d'autant plus étonnantes chez les simples fidèles, que les sacristains et les popes eux-mêmes semblent s'en affranchir. Ils font les honneurs de leurs églises avec un sans-gêne peu édifiant, ouvrent aux visiteurs la porte du sanctuaire au milieu de l'office, et prennent les cierges allumés devant les saintes images pour faire admirer la peinture d'une icône ou le resplendissement des pierreries enchâssées dans les orfèvreries de l'iconostase.

Les pauvres églises catholiques paraissent bien misérables auprès de ces splendeurs : dimanche, nous avons été entendre la messe à Sainte-Catherine ; c'est l'église polonaise, elle est triste et nue comme un temple protestant. Les chants sont funèbres, une confrérie fait entendre ses lamentations monotones ; pour nous remettre, allons visiter Saint-Pierre-et-Saint-Paul.

L'église est construite dans la forteresse, sur la rive droite de la Néva, on traverse un fossé, on passe un pont-levis, voici un corps de garde, des casernes, nous sommes dans la place, mais impossible de rester dans l'église : la foule est compacte, et l'odeur intolérable. Personne ne peut se faire une idée de la variété et de la puissance des miasmes qu'un moujik peut répandre autour de lui, et les Russes, ne paraissant pas autrement incommodés de ce voisinage, doivent être atteints d'une paralysie de l'odorat. Le lendemain, nous sommes retournés à Saint-Pierre-et-Saint-Paul ; malgré les fleurs, les palmiers et les feuillages, l'horrible odeur n'est pas encore dissipée. Ici, ce sont des soldats qui font l'office de sacristains, et veillent sur les tombes impériales ; celle d'Alexandre III est encore encombrée des innombrables souvenirs mortuaires venus de France ; trop de couronnes, trop de palmes, trop de rubans, j'espère que l'on va jeter au feu la plupart de ces envois : notre bon renom artistique ne pourra qu'y gagner.

Pendant que nous visitons des églises, entrons donc à Notre-Dame de Kazan; ses icônes rivalisent avec celles de Saint-Isaac, et l'image miraculeuse rappelle notre Vierge de Perpétuel Secours, byzantine comme elle. A Kazan, chaque pilier porte un trophée conquis sur l'ennemi : Polonais et Suédois, Persans et Turcs, en font les frais; vingt régiments français peuvent y voir leurs aigles, la ville de Reims y trouvera ses clés, et le duc d'Auerstaedt le bâton de maréchal de son grand-oncle.

Il faut aller à Peterhof, un dimanche, pour voir jouer les grandes eaux ; on peut s'y rendre en bateau, et revenir en chemin de fer. Il pleuvote, le ciel est gris ; la Néva, si riante au soleil, roule aujourd'hui des flots sombres. Nous passons devant les chantiers franco-russes, où l'on construit en ce moment des cuirassés du type français, et nous abordons à l'entrée d'un parc où l'on n'a pas ménagé l'eau. Elle descend les marches d'un escalier doré, jaillit sous les portiques, forme la fontaine de Marly, la fontaine des Lions, la fontaine d'Eve, et tombe en cascade fastueuse jusque dans la Néva. A l'extrémité d'un canal étroit, bordé de jets d'eau qui éclaboussent les pins noirs et prolongent habilement la perspective, toute la cour de Neptune, des dieux, des déesses, des Tritons, des Naïades, forment des groupes dorés et regardent les flots descendre majestueusement les marches sculptées d'un escalier de marbre. Au dessus, le château étage ses coupoles dorées et sa longue façade soigneusement badigeonnée en rouge et jaune; ne pouvant pénétrer dans le château où Leurs Majestés résident, admirons le magnifique suisse qui en défend l'accès. Il porte une soutane de cardinal, et, sur sa pèlerine galonnée d'or, s'étale une respectable brochette de médailles variées : jamais le cardinal Lavigerie lui-même ne fut aussi décoratif. Le parc est médiocrement entretenu, et la colonie Alexandrinaïa rappelle trop les essais de colonisation des environs du camp de Châlons ; une heure après, nous étions à Petersbourg, convaincus plus que jamais qu'il y a loin de Peterhof à Versailles.

Les Russes sont très fiers de leur musée de l'Ermitage, créé par des princes soucieux de suivre la mode, mais incapables de distinguer une toile de Raphaël d'une enseigne de village. Ses Murillo sont célèbres, et sa collection de maîtres flamands est la plus riche du monde ; mais j'aime mieux signaler l'œuvre d'un peintre russe, peu connu en France, Aïvazowski, dont les marines sont des merveilles de transparence. Passons rapidement devant les bijoux de Kertch, collection unique où l'art grec se révèle avec des raffinements qui déroutent nos idées sur la civilisation au IVe siècle avant notre ère, et arrivons au musée de Pierre le Grand.

Je me représentais ce grand éducateur de peuples comme une sorte de burgrave farouche, et je trouve un beau jeune homme à tournure élégante, malgré sa taille gigantesque. Le cordon de Saint-André se confond avec le bleu mourant de son habit broché, les grands yeux à reflet d'acier ont un regard terriblement dur, et la bouche serrée, surmontée d'une fine moustache noire, indique une rare puissance de volonté : je comprends maintenant la terreur que le Tzar inspirait.

Parmi les nombreuses anecdotes qu'on lui attribue, il en est une qui m'a été contée ici même : je ne sais si elle a déjà été publiée. Un jour, l'Empereur devait être parrain du fils d'un de ses généraux, et le pope arriva en retard ; comme il s'excusait humblement :

— Tu sais, lui dit froidement Pierre, qu'un homme qui me fait attendre mérite la mort. Tu seras donc pendu demain, si tu ne m'apportes la réponse aux trois questions que voici : Combien y a-t-il d'étoiles au ciel ? Qu'est-ce que je vaux ? Qu'est-ce que je pense de toi ?

La cérémonie terminée, le pauvre pope s'en alla bien triste, priant Dieu de le tirer de ce mauvais pas, quand il rencontra son diacre. Ce diacre était une façon de Frère Jean des Entomeures ; mis au courant de l'aventure, il conseilla au pope de se mettre à table, et les voilà cherchant ensemble l'inspiration au fond de leurs verres. Ils continuèrent consciencieusement leurs recherches pendant toute la nuit, si bien que, le lendemain matin, ils n'avaient plus qu'une vague idée de la situation. Le pope était plus abattu que jamais ; quant au diacre, il ne doutait plus de rien.

— Père, dit-il à son supérieur, c'est moi qui vais aller trouver l'Empereur ; c'est bien le diable si nous ne nous arrangeons pas.

Le pope laissa faire le diacre, et celui-ci fut introduit auprès du Tzar.

— Allons, dépêchons, dit l'Empereur ; dis-moi combien il y a d'étoiles ?

— Deux milliards cinq cent un millions trois cent vingt-sept mille quatre cent soixante-seize, répond le vicaire sans hésiter.

— Qu'en sais-tu ?

— Le compte est exact ; si Votre Majesté en doute, qu'Elle le vérifie Elle-même.

— Passons. Quelle est ma valeur en espèces ?

— Vingt-neuf écus, Sire.

— C'est peu.

— Notre-Seigneur n'a été vendu que 30 écus, 29 est encore un beau prix.

— C'est très juste. Alors, dis-moi ce que je pense de toi.

— Votre Majesté pense que je suis le pope d'hier : eh bien ! c'est une erreur, je suis son diacre.

— Tiens, c'est vrai ; décidément tu n'es pas un imbécile.

Et il le nomma curé.

Ce matin, nous avons décidé d'aller à Cronstadt, le soleil est radieux, et le *Kotline* part à neuf heures. L'embouchure de la Néva est magnifique : à gauche, Peterhof montre à peine au-dessus des grands arbres la pointe dorée de ses coupoles ; à droite, un long chapelet d'îlots surchargés de batteries semble flotter au-dessus des vagues. En cinq quarts d'heure, on est à Cronstadt : beaucoup de mâts, beaucoup de casernes, un pavé détestable et des maisons en bois. Aspect général de petite ville norvégienne, avec deux temples allemands et une église orthodoxe où nous entrons. A la porte, un monceau de lettres ouvertes : ce sont les intentions recommandées aux prières du prêtre Jean. — Le curé de Cronstadt est l'homme le plus populaire de la Russie, il fut appelé au lit de mort d'Alexandre III, et sa réputation de sainteté fait affluer vers lui des offrandes tellement considérables qu'on a dû créer à Cronstadt un bureau de poste spécial. Il donne tout aux pauvres, s'oubliant lui-même au point qu'il a fallu déléguer à sa femme le droit de toucher son traitement. Pour échapper à la curiosité du public et à l'importunité des visites, le prêtre Jean a tarifé ses audiences à cent roubles par tête ; cependant, en prenant une chambre à l'hospice qu'il a fondé, on peut espérer lui être présenté pendant sa tournée quotidienne. Tous les matins, le curé visite les malades de la ville; dans une rue, voici un attroupement, une voiture, des agents de police : le prêtre Jean est entré dans une maison, et la foule attend sa sortie. A ce moment, la porte s'ouvre brusquement, deux solides gaillards font le coup de poing pour dégager le passage et refouler le peuple qui se précipite vers le prêtre; les uns cherchent à toucher ses vêtements, d'autres, plus heureux, baisent le bord de sa soutane, et une femme est parvenue à s'emparer d'une de ses mains qu'elle embrasse avidement. En un instant, le prêtre est soulevé de terre, porté dans la voiture qui part au galop, accompagnée des acclamations de la foule qui la suit en courant. C'est de l'idolâtrie, et l'idole a une figure peu sympathique, l'expression est dure, presque hautaine : il faudrait être un bien grand saint pour ne pas succomber à l'orgueil d'une telle puissance.

II

Moscou

Pourquoi le chemin de fer passe à Tver. — Le Kremlin. — L'église de Vassily et la reconnaissance d'Ivan le Terrible. — La Moskowa et la montagne des Moineaux. — Le trésor des Tzars et le mobilier du boyard Romanow. — Un peloton de squelettes. — Vereschaguine. — La *lavra* de Troïtza. — Quatrain sur le métropolite Platon. — Enterrés vivants. — Un trésor de deux milliards. — Groupe de pèlerins. — Un fabricant de reliques. — Les routes de Russie. — Dévotion et café au lait. — Métropolite et lieutenant. — La communion aux Archanges. — Promenade des Saintes Images. — Légende de Notre-Dame d'Ibérie. — Une fête populaire.

On va en quinze heures de Petersbourg à Moscou. La ligne est mathématiquement droite, sauf une légère courbe due, assure-t-on, à un tremblement de main du Tzar. Lors de la construction de la voie, les ingénieurs présentèrent à l'Empereur plusieurs tracés : l'un faisait passer la ligne à Novgorod, l'autre à Bejetsk. Le Tzar ne dit rien, prit une règle et tira un trait entre Petersbourg et Moscou, mais, à la hauteur de Tver, le crayon dévia légèrement, et, grâce à cette circonstance, la ville eut une gare.

Moscou, a-t-on dit, est un grand village, mais le Kremlin ! Des murailles énormes, couronnées de longs créneaux; une quantité de portes surmontées de tours aux formes diverses, et, derrière cette enceinte grandiose, une forêt de dômes, les uns dorés, les autres gros bleu parsemé d'étoiles d'or, des minarets blancs, des pagodes rouges, des coupoles vertes, des tours indoues, des toitures émaillées, tout cela reluisant, éclatant, étincelant sous un ciel qui n'est déjà plus celui de l'Europe. Quelque préparé que l'on soit par les descriptions déjà lues, le spectacle dépasse tout ce que l'on a pu imaginer. Dix fois je suis retourné au Kremlin, dix fois j'ai découvert un détail curieux, un point de vue nouveau : c'est la porte du Sauveur, porte sacrée sous laquelle tous, nobles et moujiks, chrétiens et juifs, doivent passer tête nue, jamais l'ennemi ne l'a franchie : c'est la tour d'Ivan le Terrible où tintent des cloches d'argent; ce sont des piles de canons pris à l'ennemi, une pièce monstre ou une cloche colossale qui s'est brisée en tombant, ce qui a fait dire à Herzen que Moscou était surtout célèbre par sa cloche qui ne sonne pas et son canon qui ne tire pas.

Impossible de voir la cathédrale de l'Assomption, tout emmaillotée d'échafaudages : on la restaure pour le prochain couronnement du Tzar; mais, devant la porte sacrée, se dresse la plus étonnante construction qu'on puisse voir, la fameuse église de Vassily, végétation monstrueuse, dont les dômes bulbeux, couverts d'écailles vertes, ont été souvent comparés à de gigantesques artichauts. Ivan le Terrible la trouvait si belle qu'il fit crever les yeux à l'architecte, pour l'empêcher d'en construire une semblable. A l'intérieur, un dédale de couloirs étroits, des escaliers bas, onze petites chapelles superposées, groupées au hasard et éclairées on ne sait comment : tout cela naïvement décoré d'enluminures barbares. — C'est un monument asiatique, hindou peut-être, étrange sûrement, et tous ces dômes contournés, sculptés en écailles ou taillés en diamants, sont d'une suprême élégance.

— Venez-vous, cette après-midi, à la montagne des Moineaux, nous dit un aimable compatriote devenu moscovite, il fait beau et nous aurons aujourd'hui une jolie vue?

Un tramway conduit jusqu'au couvent de Novodievitchy, le couvent des vierges. Elles abritent leur vertu derrière une forteresse aux murailles crénelées, badigeonnées en rouge et blanc; de là, un chemin descend à la Moskowa, que l'on traverse en barque, et un sentier gravit une rampe boisée pour arriver à une terrasse offrant un panorama splendide. Je comprends maintenant les cris d'admiration de la Grande Armée, quand, parvenue jusqu'ici, après combien d'étapes! elle aperçut la ville sainte, avec ses innombrables clochers, quarante fois quarante, dit le proverbe, ses palais et la blanche tour d'Ivan Veliky, devant laquelle des vieux Russes se prosternent de loin, comme s'ils voyaient en elle le symbole même de la patrie. Entourez maintenant ce tableau d'un cadre charmant, de collines boisées où la Moskowa dessine une jolie boucle, et souhaitez qu'un rayon de soleil vienne allumer l'or des coupoles de Saint-Sauveur. — C'est de loin qu'il faut voir Moscou; la grande ville apparaît alors dans toute sa beauté, et rien n'en révèle les misères secrètes, les rues boiteuses, le « marché aux poux », et la tour de Soukharew, construction de la Renaissance dont les Vandales ont fait un réservoir.

Si, comme on l'a maintes fois répété, Petersbourg n'est qu'une fenêtre ouverte sur l'Europe, Moscou est bien la ville asiatique. Voyez plutôt les splendeurs du Kremlin, les riches armures, les plats d'or, les tas de pierreries brutes, tout, jusqu'aux couronnes des Tzars, rappelle l'Orient : ce n'est pas le trésor d'un empereur, mais le butin d'un chef de horde. La résidence impériale rappelle à la fois les palais de Venise et ceux de l'Hindoustan, mais, il y a deux siècles, les Russes ne savaient pas se loger ; la maison d'un seigneur du XVIIe siècle était à peine habitable, et quand le boyard Romanow voulut se mettre dans ses meubles, il dut faire venir ses tentures d'Espagne, ses horloges d'Allemagne et ses fauteuils de France.

Un jour, errant à l'aventure dans les environs du Kremlin, nous sommes entrés au musée ethnographique, où l'on nous a fait passer en revue un peloton de squelettes : ils sont là trente-cinq, formés sur quatre rangs, l'air ridicule, avec leurs têtes ballottantes. Allez plutôt voir le musée Tretchiakow, Vereschaguine s'y révèle un grand peintre. Il n'est pas encore assez connu en France, ce Neuville russe, qui a fait la campagne du Turkestan, le pinceau en main. La fosse aux punaises de Boukhara, le pope bénissant les morts couchés parmi les *saxaouls* de Gheok-Tépé, sont des œuvres admirables et à jamais classées.

A deux heures de Moscou, se trouve un couvent célèbre, la *lavra* de Troïtza. L'excursion demande une journée, et, un matin, sous la conduite d'un ex-cornette aux dragons de la garde, nous prenions le train de Serghievo. Des guinguettes, des villas à boules de verre, la vulgaire banlieue d'une ville où le plus mince bourgeois, le plus modeste rond de cuir, éprouve le besoin d'aller s'ennuyer à la campagne, dès qu'il en a le loisir. On traverse Mystistchy, dont les eaux alimentent les fontaines de Moscou : un jour d'orage, la foudre les fit jaillir du sol. A Serghievo, nous montons en voiture, et bientôt apparaît une colline avec des remparts, des tours, des dômes étincelants : c'est la célèbre *lavra*. Notre guide propose d'aller d'abord visiter un couvent éloigné, Béthanie, d'où nous nous rabattrons sur Troïtza ; le trajet est charmant, le pays accidenté, de grands arbres se mirent dans de petits lacs, et ménagent des échappées délicieuses. Rien à dire du couvent de Béthanie : un frère montre, avec de grandes marques de respect, l'appartement du métropolite Platon, mort en odeur de sainteté. Le métropolite pouvait être un saint homme, mais il n'avait aucun goût ; son mobilier est celui d'un concierge, et, pendant que les fidèles contemplent dévotement son fauteuil, je vais copier les vers écrits sous son portrait :

> L'honneur de notre église, esprit rare, honête hôme,
> D'Aaron même il sçut ressusciter le nom ;
> Et dans l'art de toucher les cœurs, par la raison,
> Surpasser Augustin, égaler Chrysostome.

C'est signé : « Prince Belaselsky », et cela dispense de tout commentaire. — Encore un coin de forêt, des étangs, une descente rapide, et nous sommes à Gethsémani ; un frère crasseux nous remet des cierges et nous précède dans un escalier obscur conduisant aux cellules souterraines. Ces cellules sont de simples niches creusées dans la roche friable du sous-sol ; jamais un rayon de lumière n'y pénètre, jamais l'air ne s'y renouvelle. Dans ces épouvantables cachots, des religieux se sont fait murer volontairement pour finir leurs jours dans les ténèbres, le silence et la prière. Le dernier est mort il y a huit ans; il était plus que centenaire, et avait passé vingt-cinq années sous terre, sans avoir jamais vu le jour.

A Troïtza, une large esplanade s'étend devant les remparts de l'abbaye; là, sous le grand soleil, dans un harmonieux désordre de marchandises étalées, au milieu des charrettes dételées et des chevaux à la corde, les pèlerins vont, viennent et font leurs achats. Le couvent est une ville entière de cathédrales, d'églises et de chapelles; si l'iconostase de l'Assomption est un chef-d'œuvre de sculpture, celle de la Trinité est recouverte de plaques d'or repoussé, et nous avons entrevu, dans son tombeau d'argent massif, ouvert aux yeux de tous, le corps de saint Serge, enveloppé dans un linceul de velours rouge. — Saint Serge était si pauvre que son calice était en bois; son couvent est devenu si riche qu'on évalue son trésor à plus de deux milliards. Il y a là des ornements littéralement couverts de perles, des joyaux inestimables, des évangéliaires en or émaillé, et les pèlerins se signent dévotement devant la fameuse agate, habilement retouchée, où l'on croit voir un moine agenouillé devant la croix.

Une foule recueillie va d'une église à l'autre, se prosternant trois fois le front à terre, baisant pieusement les saintes images et laissant toujours quelques kopeks dans le plateau du sacristain. Pauvres gens, venus à pied, on ne sait d'où, du fond de la Russie, de la Sibérie peut-être. Pendant des mois, ils ont marché, soutenus par une pensée unique : voir Troïtza. Enfin, ils sont arrivés; toute la journée, ils ont erré d'une église à l'autre, ahuris, éblouis, éreintés, et demain ils reprendront le chemin de la steppe, car l'hiver est précoce, et la maison est loin. En ce moment, ils sont groupés sous les grands arbres, autour de la fontaine sacrée : les hommes sont grands et forts, avec le front bas, la barbe longue et les cheveux incultes ; les femmes sont propres, elles aiment les couleurs vives, surtout le blanc et le rouge, mais elles sont petites, déformées par le travail, sans sexe, et enlaidies encore par l'inélégance du costume. La jupe courte laisse voir un mollet grossièrement empaqueté dans des flanelles, et des pieds énormes chaussés de larges sandales en écorce de bouleau.

Le pèlerinage de Troïtza a un caractère patriotique autant que religieux : jamais le couvent n'est tombé au pouvoir de l'ennemi ; au XVIIe siècle, il soutint un long siège contre les Polonais ; Pierre le Grand y trouva un asile contre les Strelitz, et, en 1812, les Français le laissèrent de côté. Cependant, un artilleur le salua en passant d'un coup de canon, et le projectile, traversant une des portes de la Trinité, vint briser une icone dont les moines ont fait une relique.

Pour qui ne connaît pas les routes russes, le retour de Troïtza à Khotkovo est une révélation. En Russie, sauf deux ou trois exceptions, il n'existe pas de route ; on baptise de ce nom de simples pistes non empierrées, poussiéreuses en été, boueuses en automne, détestables en toute saison. Quand les ornières sont par trop profondes, les voitures appuient dans les champs, à gauche ou à droite, et il faut le jarret des petits chevaux du pays pour sortir de ces fondrières où pas un cocher français n'oserait s'aventurer. — Les villages se composent de quelques méchantes maisons en bois, couvertes en chaume, séparées les unes des autres, de peur du feu, et alignées vaguement le long d'une rue gazonnée. — Nous croisons des bandes de pèlerins se dirigeant, bâton en main et sac au dos, vers Troïtza, et voici Khotkovo.

Le couvent n'a de monumental que la coiffure de ses religieuses qui affecte la forme géométrique d'un tronc de pyramide quadrangulaire. L'église possède les reliques des parents de saint Serge ; sur leur tombeau, que les fidèles viennent baiser avec les marques du respect le plus profond, une grosse religieuse a posé un bol de café au lait qu'elle remue paisiblement. — Le couvent prend des pensionnaires : jeunes filles précoces, épouses malheureuses, femmes divorcées, y trouvent un abri, et je me suis laissé dire que....., mais je préfère vous conter l'aventure arrivée, à Troïtza, à un lieutenant qui avait trop bien déjeuné.

Au cours des manœuvres qui avaient lieu dans la région, un régiment de cavalerie fut envoyé cantonner dans le couvent. Le métropolite, suivi de tous ses moines, vint en grande cérémonie au-devant des troupes pour leur offrir le pain et le sel traditionnels ; les cloches sonnaient, les fanfares retentissaient, le régiment présentait les armes, quand un officier un peu gai sortit des rangs et se mit à crier de sa plus belle voix de commandement : — Salut ! les moines !

L'effet fut déplorable : le métropolite prit mal la chose, et le colonel infligea au lieutenant vingt-cinq étapes à pied.

Les Russes ne plaisantent pas sur le chapitre de la religion, surtout à Moscou, la ville sainte, où la foi est plus démonstrative que partout ailleurs. — Je me trouvais à l'église des Archanges, un dimanche, au moment de la communion ; je vis le prêtre rompre l'hostie dans le calice et les fidèles se presser en foule sur les marches de l'autel, pour recevoir dans une cuiller d'or une goutte du vin consacré. Un diacre essuyait ensuite les bouches, un autre donnait une gorgée de vin avec un petit pain ; gentilshommes et moujiks, riches et pauvres, se coudoyaient là, insensibles au respect humain comme au dégoût, et Dieu sait cependant les maladies que cette cuiller, passant de bouche en bouche, a dû propager.

Une pratique religieuse spéciale à Moscou, je crois, c'est la promenade des Saintes Images. Dans un landau attelé de six chevaux, deux prêtres transportent une icone vénérée chez les personnes pieuses de la ville : cela porte bonheur à la maison, et plusieurs couvents vivent du produit des aumônes ainsi recueillies. A l'entrée du Kremlin, il y a toujours foule devant un petit oratoire, assiégé, nuit et jour, par la piété des fidèles : on y vénère l'image de Notre-Dame d'Ibérie. La Sainte Vierge porte à la joue droite une blessure d'où coule une goutte de sang : les uns l'attribuent à la lance d'un tatar, d'autres racontent que le peintre heurta par mégarde le panneau avec son couteau à palette, et que le sang jaillit. N'allez pas contester le miracle, vous vous feriez écharper ; aussi bien, le Russe est un éclectique : après avoir mis un cierge à Notre-Dame d'Ibérie et renouvelé la veilleuse qui brûle devant l'icone de son salon, il va tranquillement à ses plaisirs, et Moscou est presque aussi célèbre par ses restaurants de nuit et ses bohémiennes que par ses églises. Lisez *Nuits de Russie* de mon ami Gab, et allez vous promener un dimanche à Sokolniki.

Sous les vieux pins d'une ancienne forêt transformée en parc, au milieu des chevaux de bois, des montagnes russes et des guignols, d'épaisses tonnelles offrent leurs ombrages discrets, et les sourires engageants vous convient à y pénétrer. Impossible de compter le nombre des ivrognes que les *gorodovoïs* relèvent avec les égards d'un policeman ramenant chez lui un lord qui a bu trop de champagne. Au fond du parc, nous avons assisté à une danse populaire : une douzaine de laiderons, aux robes voyantes, immobiles sur un rang, grignotent des graines de tournesol, en écoutant d'une oreille distraite les déclarations bruyantes et monotones de garçons endimanchés, chantant horriblement faux. Le tout est accompagné de gestes maniérés, de flexions de poignet infiniment moins gracieuses que celles des petites Javanaises ; c'est très moral, et M. Bérenger lui-même n'y trouverait rien à redire.

III

Nijny-Novgorod.

Le pont temporaire. — Un bateau-ménagerie. — La foire. — Un village en nattes. — Chinois fin de siècle. — *Utile dulci.* — La ville haute. — Vue sur l'Oka.

On a entendu vanter si souvent l'intérêt exceptionnel que présente la foire de Nijny qu'on est un peu déçu en arrivant, alors même que l'on est guidé par un riche marchand du pays, israélite remarquablement intelligent et n'ayant qu'une parenté très lointaine avec les porteurs de rouflaquettes que nous avons aperçus à Vilna. Il nous a conduits aux bons endroits, nous a fait voir depuis les restaurants à la mode jusqu'aux asiles de nuit, en passant par les entrepôts, la grande galerie et la ville chinoise.

Le plus curieux est peut-être le pont de bateaux temporaire qui relie l'ancienne ville au champ de foire, établi au confluent de l'Oka et de la Volga. On ne peut se faire une idée du mouvement qui y règne : c'est un double courant ininterrompu de voitures, de cavaliers et de piétons où l'on voit, chose unique en Russie, des gens pressés et ne fumant pas. Le maniement des affaires leur a enseigné le prix du temps, et 25 roubles d'amende menacent le passant distrait qui allumerait une cigarette : des cavaliers de police sont là pour le lui rappeler.

Au milieu du pont est amarré une péniche d'où sortent des rugissements : c'est un bateau-ménagerie. Le champ de foire est une vraie ville, percée de larges rues ; les maisons basses, peintes en blanc avec des toitures vertes, sont précédées d'auvents formant galeries où circule une foule de gens qui vendent, achètent ou marchandent dans des dialectes inconnus ; peu de costumes cependant : quelques Tatars, quelques Sibériens, mais le vêtement qui domine est la tunique noire, plissée à la ceinture, avec la casquette plate et les grandes bottes. — Le long de la Volga, s'alignent d'immenses entrepôts, et les nombreux seaux d'eau, étagés sur leurs toitures en bois, témoignent des précautions minutieuses que l'on prend contre le feu. — Plus loin, un village entier est construit avec les nattes qui ont enveloppé les balles de thé, et, dans la ville chinoise, vous verrez des pagodes avec des toits verts et des bouddahs ventrus, mais pas un seul Chinois. Je n'en ai aperçu qu'un dans toute la foire : il dînait tranquillement au restaurant Iermolaïew et mangeait proprement avec une fourchette : la tradition s'en va.

Nijny est une ville intermittente; tout ce bruit, ce mouvement, cette agitation fébrile durent juste trois mois; dans quinze jours, la foule sera dispersée, le pont replié, les magasins seront vides et les maisons abandonnées. La Vòlga n'attend pas les retardataires pour inonder la ville; l'été prochain, quand les eaux seront retirées, on videra les caves, on rendra une couche de peinture aux maisons, et cela ira ainsi jusqu'au jour où l'incendie détruira cette ville de pacotille, où l'on traite en trois mois pour un demi-milliard d'affaires. Celles-ci ne font pas oublier les plaisirs : pendant la foire, Nijny est une des villes du monde où l'on s'amuse le plus; tout s'y vend, tout s'y achète, et quand un éleveur de Sibérie a bien vendu ses laines, il ne regarde pas à la dépense.

En face du champ de foire, sur la rive droite de l'Oka, l'ancienne ville est plantée au sommet d'une montagne verte, dont les pentes abruptes sont déchirées par de profondes coupures. Là-haut, un kremlin avec des remparts, des tours, des coupoles, une ville calme, de grandes rues tristes et vides qui contrastent avec l'agitation d'en bas. Mais aussi, quel accueil empressé de la part des hôteliers, et puis quelle admirable vue! Un vieux rempart formant premier plan, une pente raide et, en bas, deux grands fleuves enlaçant une ville à deux tons, vert et blanc, qui se perd au loin dans une buée violette. Les remorqueurs manœuvrent au milieu des chalands et des trains de bois, les gros bâtiments de commerce côtoient les élégants steamers des grandes Compagnies de Navigation, et le pont, tout grouillant de monde, semble une immense chenille qui déroulerait lentement ses anneaux. Le soir, lorsque la ville marchande s'illumine, quand les vaisseaux allument leurs feux, on devine l'effet magique de ces innombrables lumières aux mille couleurs se reflétant sur l'eau.

IV

Kazan.

L'*Oleg e Vestschy*. — *Podtabak*. — La Volga. — Le *N. Novoselsky*. — Une tempête dans un verre d'eau. — Kazan. — La pyramide des crânes d'Yvan. — Une tour-télescope. — Légende de Sioumbeka. — Les Tatars. — Utilité de la casuistique. — La « Suisse de Kazan ». — Légende du bon dragon.

L'*Oleg e Vestschy* est un grand bateau de la compagnie *Caucase et Mercure*, construit à l'américaine, avec cabines sur le pont et tout le confort désirable. Il doit nous conduire à Kazan, mais je ne sais quand nous arriverons, car les eaux sont basses et le bateau touche à tout moment. Les cris des sondeurs, répétés de l'avant à la passerelle, forment un refrain monotone dont j'ai retenu un terme bizarre : *podtabak*. C'est une expression locale dont on m'a donné l'explication suivante : les bateliers de la Volga sont souvent forcés de se mettre à l'eau pour remorquer eux-mêmes leur embarcation, alors ils s'attachent sous le menton leur provision de tabac, afin qu'elle ne soit pas mouillée, et quand l'eau parvient à cet étiage, le bateau peut avancer sans crainte. La Volga a parfois plus de six verstes de largeur, mais on en voit le fond ; les mauvaises langues assurent qu'il en est des fleuves russes comme de la civilisation russe : beaucoup d'étendue et pas de profondeur. Les deux rives du fleuve ont un aspect absolument différent : à droite, s'élèvent de jolies collines vertes avec de frais ombrages ; à gauche, une plage immense se couvre au loin d'un sable jaune. Depuis le commencement du monde, le fleuve empiète d'un côté et dépose ses alluvions de l'autre ; il ronge sans relâche ses puissantes murailles argileuses, et les emporte à la mer avec les villes et les villages qui les dominent. Les cités construites sur la rive occidentale de la Volga sont ainsi détruites en détail, maison à maison, rue à rue, tandis que, dans la steppe, inondée régulièrement, elles risqueraient de disparaître en une nuit (1).

De Nijny à Kazan, la traversée est peu intéressante : c'est à peine si quelques rares passages éveillent un instant l'attention, comme le couvent fortifié de Makarieff et la charmante ville de Lyskowo qui lui fait face. Vers le soir, on vint nous prévenir que nous allions passer sur le *N. Novoselsky*, et ce fut par une véritable tempête, en plein fleuve et au milieu de la nuit, qu'on opéra le transbordement. La mise en scène était admirablement réussie : grondements du tonnerre, longs éclairs sillonnant le ciel, sifflements lugubres dans les corda-

(1) Élisée Reclus, *Géographie universelle*, V, 664.

ges, rien n'y manquait. Toute la nuit, la tempête fit rage, tout craquait à bord, mais, le lendemain, le ciel était complètement nettoyé.

La vue est toujours la même : à gauche, des sables jaunes ; à droite, des collines boisées. Nous avons plus de sept heures de retard, et la traversée eût semblé longue si d'aimables passagers n'en avaient charmé la motononie. On se lie vite à bord ; en quelques heures on est de vieilles connaissances, puis on se quitte pour ne plus jamais se revoir, et ces relations à peine ébauchées, ces amitiés d'un jour, laissent un souvenir exempt de tout nuage : c'est peut-être le plus grand charme des voyages.

Vers deux heures, au-dessus de la vaste nappe d'eau formée par la Volga, semblable ici à un grand lac, on aperçoit une ville blanche, à tournure orientale : voici Kazan, la capitale des Khans de Tartarie. Construite au bord du fleuve, elle en est aujourd'hui distante de sept verstes, et nous galopons sur la chaussée qui monte vers la ville. Des Tatars vendant des pantoufles brodées, des cochons noirs se promenant en liberté sur la route, des vols de corbeaux bruyants, puis un monument funèbre, « la Pyramide des crânes », enfin des dômes argentés et une forteresse surmontée d'une flèche bizarre : voilà l'entrée de Kazan. Comme Moscou, la ville gagne à être vue de loin ; elle offre une jolie promenade, des rues grimpantes, un pavé détestable, et son unique monument est le Kremlin. Planté sur une colline pas bien haute, mais assez raide pour faire jurer les cochers, ces grosses tours rondes rappellent celles de Nijny ; on passe sous un massif donjon, et nous voici devant l'édifice étrange qui nous avait frappés en arrivant. La tour de Sioumbeka n'a pas demandé grand effort d'imagination à l'architecte tatar qui l'a construite : il s'est contenté d'allonger un télescope qu'il a surmonté d'une canule. La tradition rapporte qu'une princesse tatare, Sioumbeka, ne voulant pas survivre à la ruine de sa patrie, se précipita du haut de cette tour, quand elle vit Ivan le Terrible entrer en vainqueur dans Kazan. L'histoire, qui ne respecte rien, prétend que la princesse se consola de la perte de sa couronne et de ses trois premiers maris dans les bras d'un quatrième ; mais je n'en veux rien croire.

La ville indigène est un grand village en bois, coupé de loin en loin par une mosquée. Le passage d'un infidèle y fait sensation : à notre approche, les petits Tatars, jouant devant les portes, s'enfuient avec des mines effarouchées ; les femmes entrent dans les maisons ou se cachent précipitamment le visage, mais la coquetterie ne perd jamais ses droits, et, si les vieilles observent religieusement le précepte du Coran, les jeunes savent soulever indiscrètement un coin du voile pour laisser un instant admirer leurs beaux yeux. — C'est que les Tatars sont religieux ; ils ont même si l'on en croit Alexandre Dumas, trouvé moyen de concilier leur soif avec la loi du Prophète. Mahomet défend le vin, comme on sait ; mais, dans certaines maladies cependant, il l'autorise comme remède. A Kazan, les marchands de vin se sont faits pharmaciens ; le Tatar, malade de soif, entre dans l'officine, boit, à titre de remède, une bouteille de vin et sort guéri. Mahomet n'a rien à dire : c'est un malade et non un ivrogne.

Le Tatar est d'une propreté irréprochable, d'une honnêteté proverbiale, et ces deux qualités, rares en Russie, font rechercher partout ses services. A Nijny, on lui confie la garde des magasins ; à Moscou, à Pétersbourg, on lui fait endosser l'habit noir pour servir dans les grands restaurants, pendant que sa sœur va se promener, le soir, à l'Aquarium ou au Jardin zoologique, où elle oublie tous les commandements du Prophète.

Kazan est très fier d'avoir, à sa porte, un petit ravin boisé dont le nom prétentieux a fait la fortune de deux ou trois restaurateurs, et un petit lac, le Kaban, où vivait, dit la légende, une bonne bête de dragon qui fut victime de son honnêteté. Un jour, le monstre proposa aux habitants de percer, entre le lac et la Kazanka, un canal qui alimenterait leurs fossés ; en échange, les Kazanais s'engageraient à le nourrir jusqu'à sa mort. Le marché fut conclu : le dragon remplit honnêtement ses engagements, il n'en fut pas de même de la ville, qui alla consulter saint Ambroise pour ne pas s'acquitter de sa dette. D'un simple signe de croix, le saint supprima du même coup la créance et le créancier ; mais la peste se chargea de venger le pauvre dragon de la mauvaise foi de ses voisins : son corps fit naître, en se décomposant, une épidémie telle qu'il fallut l'intervention de saint Gelan pour la faire cesser.

C'est depuis lors, sans doute, que Kazan possède une faculté de médecine célèbre, et l'un de ses maîtres, bien connu dans le monde scientifique, aime à exercer une hospitalité dont ses invités conservent le souvenir reconnaissant.

V

De Kazan a Vladicaucase

La ligne de Kazan à Riazan. — Le chemin de fer et les loups. — Un voyage de noce. — Contrôleur, vérificateur et inspecteur. — La femme du forçat. — Abolition du servage. — Dieu et le moujik. — Tchouvaches, Mordouans et Tchérémisses. — Les wagons russes. — En pays cosaque. — Les « Eaux minérales ». — Vladicaucase.

Kazan est relié à Moscou par une ligne nouvelle qui ne donne pas une haute idée du savoir-faire des ingénieurs russes. Elle met cinquante heures pour faire 1.100 kilomètres ; sur l'invitation du gouvernement, la compagnie a promis d'adopter, en 1897, une vitesse se rapprochant de la normale ; mais, surtout en Russie, promettre et tenir font deux. Les ponceaux provisoires n'ont pas été remplacés, les remblais élevés à la hâte n'ont pas été consolidés, et, pour éviter les ruptures ou les glissements, on se borne à ralentir la marche des trains. Tout se fait ainsi en Russie, on se contente de l'à peu près, et jamais un travail ne s'étend au-delà de la nécessité du moment.

A une heure de Kazan, la voie s'arrête au bord de la Volga, à Sviiajsk, où un bateau transporte les voyageurs sur la rive droite du fleuve. Alors, commence un trajet monotone à travers d'interminables forêts de bouleaux, saccagées par les rares habitants du pays. On ne compte plus les arbres brisés, les fûts coupés à hauteur d'homme, ou dépouillés de leur écorce dont on a fait des sandales. Les gares sont plantées en pleine forêt ;

des fenêtres de leur bureau, les employés peuvent faire le coup de feu sur les loups. — Après la forêt, la steppe : une terre noire, à peine grattée par la charrue ; de loin en loin, un groupe de paillottes qu'un rideau d'arbres protège contre le vent du nord, parfois, une église blanche avec des coupoles vertes, et cela dure ainsi pendant des journées entières ; nous pouvons donc étudier à loisir nos voisins, jeunes mariés en voyage de noce. Lui, est un riche Tatar, aux yeux bridés, il porte un bonnet de fourrure grise et un vêtement noir doublé d'astrakan ; elle, est une petite boulotte, écrasée sous le poids d'innombrables vêtements, pas jolie, malgré la petite calotte brodée qu'elle porte coquettement penchée sur l'oreille. Les amoureux essayent de s'isoler, mais les contrôleurs sont l'indiscrétion même, et leurs visites répétées finissent par lasser le plus patient. Vous lisez, vous dormez, vous faites un whist, survient un employé qui poinçonne votre billet ; un quart d'heure après, le même employé revient, précédant le chef de train qui vérifie le contrôle de son subordonné ; vous espérez pouvoir enfin achever tranquillement votre lecture, votre rob ou votre somme ; il n'en est rien : cette fois, le premier employé sera suivi du chef de train, précédant un inspecteur, parfois un officier. Le cortège défile processionnellement, et comme la triple cérémonie se renouvelle je ne sais combien de fois, les billets sont transformés en véritables dentelles.

A Sasovo, des lamentations bruyantes s'élèvent : une jeune paysanne, tout en pleurs, fait ses adieux à sa famille, les pauvres vieux parents, les frères, les sœurs, les voisins, tout le monde se lamente et pousse des cris tels que le gendarme de planton est forcé de les faire taire. Renseignement pris, c'est une femme qui va rejoindre volontairement son mari, condamné aux travaux forcés. En Russie, la peine de mort est abolie, sauf pour les militaires, et en matière politique ; les forçats sont embarqués à Odessa, d'où, par la mer Rouge, on les transporte aux îles Sakhalines, sur les côtes de Sibérie. Je ne sais s'ils perdent beaucoup au change, car les paysans russes que nous apercevons dans les gares, grignotant des graines de tournesol avec des mouvements de perroquets, paraissent dans une misère profonde, conséquence inattendue de l'abolition du servage.

Cet acte, mal préparé, mal exécuté, qui, du jour au lendemain, a fait d'un seigneur dépensier un capitaliste, et d'un moujik imprévoyant un propriétaire, les a ruinés tous les deux. Jadis, les intendants avaient parfois la main dure, mais le seigneur nourrissait le paysan dans les années de famine, et il ne l'abandonnait pas dans la vieillesse. Au prix de quelques coups de fouet, le serf était donc assuré d'avoir toujours du pain ; et puis, quand le seigneur ou son intendant se montrait trop dur, on apprenait un beau jour sa disparition, et l'autorité fermait les yeux, après un semblant d'enquête.

Alors, vous regrettez le knout ? demandait-on à un vieux paysan.

— On se fait à tout, même aux puces ; il n'y a qu'une chose à laquelle on ne peut s'habituer, c'est à ne pas manger.

La première année de disette qui suivit leur affranchissement, les paysans vinrent, suivant la coutume, demander du pain à leur ancien seigneur, oubliant qu'étant libres ils ne devaient plus compter que sur eux-mêmes. Un ukase ne transforme pas le caractère d'un peuple, et le paysan russe compte toujours sur quelqu'un ou sur quelque chose. Écoutez plutôt la légende : lorsque Dieu eut créé le Slave, le Slave se retourna vers Dieu, et, lui tendant la main :

— Excellence, lui dit-il, pourboire s'il vous plaît.

En résumé, l'abolition prématurée du servage n'a servi qu'à enrichir quelques usuriers de village. Tel moujik, à qui vous donnerez deux kopeks, possède un million de roubles ; il vit dans la vermine et fait aux églises de riches présents, dans l'espoir que chaque tintement de la cloche qu'il a offerte effacera un de ses péchés.

— Croyez-moi, nous dit un ingénieur, l'affranchissement des serfs a ruiné la noblesse, appauvri le pays, et retardé d'un siècle la civilisation des paysans.

— Cependant voici de jolies filles portant des sequins d'or dans leurs tresses brunes.

— Ce ne sont pas de vraies Russes, mais des Tchouvaches, et leur tribu, d'origine finnoise et de religion orthodoxe, a peut-être donné au pays ses premiers habitants. Aujourd'hui, ils forment avec les Mordouans et les Tchérémisses des îlots noyés dans la population slave.

En bavardant, le temps passe ; nous voici à Riazan, et demain matin nous serons à Moscou, d'où l'express nous conduira à Vladicaucase, à 1.936 kilomètres d'ici. C'est encore cinquante-quatre heures de chemin de fer, mais nous commençons à en prendre l'habitude.

On sait que les wagons russes, plus larges que les nôtres, ont un couloir permettant de circuler d'une extrémité à l'autre u train ; la nuit, on transforme les dossiers en couchettes, on ferme la porte de son coupé et l'on est chez soi. Aussi, la règle est-elle de voyager jour et nuit, mangeant quand on peut, dormant en voiture ; le Russe, accoutumé à ces longs trajets, a toujours un grand luxe de bagages, des oreillers, des couvertures, parfois même des draps de lit, et jamais il n'oublie sa théière qu'il emplit d'eau bouillante au samovar de chaque buffet.

Le paysage est monotone, c'est une plaine immense avec de rares villages tout gris ; de loin en loin, un tumulus planté de croix nombreuses, funèbre souvenir du choléra. Le lendemain, nous nous réveillons en pays cosaque ; les habitants sont moins sales, le sol est mieux cultivé, les grands villages palissadés ont l'air moins misérables, mais c'est toujours la steppe avec ses innombrables meules que les paysans finissent par brûler. Le soir, quand le ciel rougit à la lueur de ces brasiers fumants, la steppe ressemble à un champ de bataille incendié par le vainqueur.

Le troisième jour, on aperçoit de longues files de chameaux attelés à des chariots de forme barbare, puis une magnifique pointe de rocher plantée toute seule au milieu de la plaine, comme une sentinelle avancée, et enfin un groupe de montagnes abritant une station balnéaire célèbre dans le monde médical. Toutes les sources dispersées dans le reste de l'Europe s'y sont donné rendez-vous, et les Russes ont là, sous la main, Vichy et Schinsnach, Cauterets et Carlsbad, Saint-Maurice et Plombières. Ne sachant quel nom donner à cette station universelle, ils l'ont appelée Mineralnyia Vody, « les Eaux minérales ». — La grande chaîne du Caucase se profile vaguement vers le sud, le jour baisse et la nuit tombe tout d'un coup dans ces plaines immenses, sur cette aire plate où rien n'accroche les rayons du couchant.

Vladicaucase possède deux ou trois bons hôtels où l'on ne parle pas un traître mot de français, malgré les promesses de leurs enseignes. Son nom sonore témoigne d'une ancienne importance stratégique, mais convient mal à un grand village boueux où les distractions sont rares. Après avoir consciencieusement admiré les montagnes que domine la tête blanche du Kazbek sorti un instant des nuages, après avoir arpenté le boulevard, longé les rives caillouteuses du Terek et pataugé dans les allées du jardin réservé, on n'a plus qu'à contempler les cosaques portant, sur la *tcherkesse*, le *kindjal* damasquiné, les gamins gentiment coiffés d'un gros bonnet à poil, et les bandes d'oies barbotant avec bonheur dans les rigoles des faubourgs.

VI

La Route militaire de Géorgie.

Une route pavée de roubles. — Les passes de Dariel. — La colombe de l'arche et le vautour de Prométhée. — Une muraille de Chine. — La reine Tamara. — Kazbek. — Grande halte des cosaques. — Les Ossètes. — Une religion éclectique. — Descente fantastique. — Les auberges du Caucase. — Une église du IVe siècle. — *Vé ! les bœufs !* — Une réclamation. — Mtzkhet et les saints équilibristes.

Nous roulons dans un bon landau attelé à quatre, sur la route célèbre que l'on pourrait, assure-t-on, paver de roubles si on réunissait tout l'argent qu'on y a dépensé. La journée s'annonce bien : les montagnes revêtent, au soleil levant, une jolie teinte rose tendre ; des geais bleus se posent sur les fils télégraphiques pour nous voir passer ; le cocher invective les voituriers qui ne se dérangent pas, écrase un chien, passe au galop devant une redoute abandonnée, et arrive à Lars, où un poste cosaque défend l'entrée du défilé.

Dans son livre *Paris-Boukara-Samarcande*, le colonel Cochard a donné les noms et les distances des relais de la route militaire ; ces indications étant encore exactes, on me dispensera de les transcrire. Après Lars, où le maître de poste confectionne des beignets exquis, la route pénètre dans les gorges de Dariel, défilé aussi grandiose que les plus célèbres passages de Suisse ou de Norvège, avec la supériorité d'une histoire qui se confond avec la fable. Sur l'Elbrouz se posa la colombe de l'arche, et au Kazbek la mythologie a placé le drame de Prométhée ; c'est à Dariel qu'Alexandre vint fermer la muraille presque fabuleuse qui courait en ligne droite de la mer Noire à la Caspienne, descendant les ravins, escaladant les pentes, et plantant ses larges tours à la crête des monts. Bestuchew l'attribue aux Mèdes, et la fait remonter au VIe siècle avant notre ère, à une époque où le Caucase était aussi peuplé que l'est aujourd'hui la France ; Pline en fait mention, et Mahomet, en inscrivant cette tradition dans le Coran, en a fait pour les croyants un article de foi. — Des roches grises, complètement dénudées, sans un arbre, sans un brin d'herbe, s'élèvent à des hauteurs effrayantes, et resserrent le torrent et la route qui se fait toute petite pour passer à ses côtés. A chaque tournant, la vue change : ce sont des prismes basaltiques droits comme des piliers d'église, ou un cirque de rochers fermé de toutes parts; plus loin, c'est un fortin cosaque dont les tours théâtrales semblent ridicules, au pied du château de la reine Tamara.

La reine Tamara, contemporaine de saint Louis, était femme d'action : le jour, elle bataillait contre les Musulmans ; le soir, elle attirait les voyageurs dans son château, et, le matin, elle faisait jeter dans le Terek ses amants d'une nuit. « La Marguerite de Bourgogne géorgienne » est légendaire au Caucase, tous les châteaux portent son nom, et ses amours ont probablement fait plus pour sa popularité que ses victoires sur l'Islam. — Le château, construit sur un ressaut de la montagne, s'élève à pic au-dessus du torrent, et l'austère nudité du cadre répond bien à la sinistre légende.

La vallée s'élargit pour arriver à Kazbek ; le village, bien groupé au-dessus du Terek, regarde au loin un couvent audacieusement planté sur un pic, mais la célèbre montagne, entrevue hier, s'obstine aujourd'hui à rester dans les nuages. Dans la prairie, au bord du torrent, une *sotnia* de cosaques du Kouban fait la grande halte : le tableau a une couleur étonnante. Les hommes ont ouvert leurs *kourgines* pour étendre sur l'herbe les tapis aux tons éclatants ; quelques soldats ont pris leur mandoline, des groupes se sont formés autour des musiciens, et les cosaques, assis à la turque, écoutent en silence une chanson lente, douce et triste qui s'harmonise mal avec la fière allure de ces magnifiques soldats. — Malheureusement, le maître de poste vient nous déclarer qu'il n'a plus de chevaux, et nous avons quatre heures à dépenser à Kazbek : chacune de ses maisons présente un cube géométriquement formé de grosses pierres et recouvert d'une toiture en argile battue, où le gazon a poussé. L'église est en roman ciselé, je la crois du xve siècle seulement, malgré ses deux lions si naïvement sculptés ; elle est entourée de trois édicules portés sur des colonnes, mais l'intérieur, où nous pénétrons sous la conduite d'un vieux sacristain armé d'une clef monumentale, est pauvre et sans intérêt. — Une bande d'enfants nous attend à la sortie, avec des cristaux de roche ou des pyrites de fer trouvés dans la montagne ; la mine éveillée, le *papak* aux longs poils retombant sur les yeux, ces gamins sont d'une adresse peu commune ; leur pierre manque rarement son but, et un épervier trop hardi en fit devant nous l'expérience.

Au-delà de Kazbek, la vallée s'ouvre toute grande, et les villages ossètes, embusqués sur les hauteurs, égayent peu le paysage. On les croirait abandonnées, ces constructions féodales, aux grands murs sans fenêtres, incrustés dans la roche et se confondant avec elle ; rien, pas même une fumée, n'y révèle la présence de l'homme. D'où viennent-ils, ces cent mille barbares ? Descendent-ils des Scythes, des Alains ou des Aryens ? Convertis au christianisme, puis séparés de la Géorgie par l'invasion mogole, ils se sont réfugiés dans la montagne, où ils ont oublié leur foi, mélangeant toutes les religions, croyant en Jésus-Christ et en Mahomet, aux esprits et à la magie, pratiquant la polygamie et faisant des sacrifices païens sur des autels surmontés de la croix. Moins braves que les Lesghiens et les Tcherkesses, ils ont déserté la cause de l'indépendance nationale pour se rallier aux Russes et leur permettre ainsi d'écraser les tribus voisines. Chasseurs adroits, aussi agiles de corps que lourds d'intelligence, ils sont demeurés à demi-sauvages, et la misère les rend à l'occasion voleurs et assassins. Ils envoient leurs enfants mendier sur la route, mais, ayant toujours quelque peccadille sur la conscience, ils restent prudemment enfermés dans leurs forteresses, où les Russes mêmes ne pénètrent pas facilement.

A mesure que le jour baisse, le paysage prend un aspect plus désolé, il a fallu élever de véritables remparts contre les torrents, et creuser des tunnels contre les avalanches. Les terrassiers, accroupis autour des feux, préparent leur repas du soir, mais de quelle contrée reculée de l'Asie viennent donc ces géants bronzés dont le turban rouge a des reflets fulgurants ? Quand nous arrivons au col, le paysage entier est noyé dans une teinte mauve, préludant à la pâle clarté de la lune, et les blanches stalagmites du Terek semblent de longues coulées de neige descendues des sommets. Ici, la nuit n'est pas l'obscurité, mais seulement « l'absence de jour », des ténèbres transparentes au travers desquelles on distingue tous les objets. Nous passons devant une haute borne et nous voilà en Asie, dévalant au grand trot un chemin en corniche au-dessus de précipices inconnus. En bas, c'est l'abîme, le vide, un trou noir, inquiétant, puis, la fatigue ferme les yeux, et la réalité se fond doucement en un demi-rêve qui vous emporte inconscient dans une descente fantastique. Mais, n'ayez crainte ! la route est habilement tracée, les pentes sont calculées avec soin, et les chevaux du Caucase ont le pied sûr.

Malheureusement, dans cet admirable pays, les gîtes sont abominables : on prétend que les voleurs, chassés des grandes routes, se sont faits aubergistes. Pour comble d'infortune, quand nous arrivons à Mlet, toutes les chambres sont prises, les matelas jonchant les corridors sont eux-mêmes occupés, et il faudra user d'un procédé peu délicat pour ne pas coucher sur la planche. Que voulez-vous? Si les voyages forment la jeunesse, ils apprennent aussi à être d'un égoïsme féroce.

Le lendemain, nous suivons une jolie vallée entourée de forêts, et je constate, aux rares maisons que l'on rencontre, que les maçons géorgiens emploient encore l'appareil en arêtes de poisson, comme au temps des Romains. Le paysage est gracieux, il risquerait cependant de devenir monotone si Ananour n'arrivait à point avec son vieux château et son clocher coiffé d'un éteignoir en zinc. Le sentier grimpe parmi les pyrèthres odorants, au milieu de chardons bleus d'une teinte délicieuse ; un grand portail ogival s'ouvre sur un escalier branlant, et voici une forteresse géorgienne avec donjon, créneaux et double enceinte de tours. A l'intérieur, quelques masures et deux églises que va nous montrer un pope, aux longs cheveux noués en catogan. La première est du xve siècle, sa façade est couverte d'inscriptions géorgiennes et de fines sculptures romanes où nous trouvons les savants entrelacs et les lions enchaînés de Kazbek. L'autre est une église arménienne, en forme de croix latine, surmontée d'une coupole en briques; les archéologues la croient du IVe siècle, mais ses fresques enfumées sont certainement d'une exécution postérieure, et je me permets d'appeler l'attention de la commission impériale d'archéologie sur l'état plutôt délabré de ce monument vénérable.

Le reste de la route, jusqu'à Mtzkhet, ne mériterait pas une mention, si un arrêt de trois heures à Tsilkany ne nous avait permis d'étudier longuement les buffles attelés aux chariots. Descendants dégénérés du terrible aurochs, ils ont gardé le mufle effrayant, le dos difforme et les cornes redoutables que leur a légués leur ancêtre; mais ces bêtes pacifiques portent docilement le joug avec des airs féroces. Leur aspect peu rassurant impressionna vivement un précepteur français, arrivé depuis peu à Tiflis : un jour, se promenant aux environs de la ville, il fit rencontre d'un honnête buffle qui suivait tranquillement la route. Le professeur partageait les idées du brave commandant Bravida sur l'espèce bovine, car il grimpa prestement sur un arbre, et on eut toutes les peines du monde à l'en faire descendre. — Mais une discussion se fait entendre au bureau de poste, et il faut un événement grave pour qu'un Russe élève la voix : sa lenteur est extrême, mais sa patience ne l'est pas moins. Donc, on parle haut chez le maître de poste, on lui reproche un passe-droit : il aurait, paraît-il, donné des chevaux à un voyageur plus favorisé ou plus généreux que nous, et une protestation en forme est consignée sur le registre des réclamations. Je signe de confiance, mais le calme du maître de poste donne à penser que les plaintes des voyageurs ont au Caucase la même sort qu'en France.

Cependant, vers cinq heures, on consent à atteler, et nous arrivons à Mtzkhet assez à temps pour voir encore la jolie ruine pittoresquement plantée au tournant du chemin. L'église de Mtzkhet est célèbre : crénelée comme sa contemporaine, l'église d'Ananour, elle fut, dit-on, construite au IVe siècle, à l'endroit même où l'on découvrit la robe de Jésus-Christ, apportée ici par un Juif. Voilà encore un nom à ajouter à ceux de la basilique de Latran, d'Aix-la-Chapelle, de Trèves et d'Argenteuil. Reconstruite après l'invasion de Tamerlan, la « Cathédrale de la Colonne de Vie » renferme les tombeaux des rois de Géorgie, et un savant explorateur m'a dit y avoir récemment découvert une inscription hébraïque, bien antérieure à l'ère chrétienne. Au-dessus de la ville est une montagne surmontée d'une église; la tradition rapporte qu'une chaîne de fer traversait l'espace pour relier son clocher à celui de Mtzkhet, et permettre ainsi aux saints des deux églises de se rendre visite pendant la nuit. — Encore une heure et demie de voiture, et nous arrivons à Tiflis : à gauche, les tentes d'un camp, puis des lumières, un boulevard, des tramways, des magasins, et enfin l'*Hôtel du Caucase*.

VII

Tiflis.

Au bord de l'abîme. — Le guide Thomas Raschid. — Palais des Rois de Géorgie. — Coup de théâtre. — Les bazars. — L'épreuve du *kindjal*. — Syndicat de voleurs. — Une mosquée. — *Cosmopolis*. — Un conseil aux jeunes mères. — La *tcherkesse*. — Juifs et Arméniens. — Une tribu de croisés.

Deux hautes montagnes coupées par un torrent roulant au fond d'un précipice, puis, penchée sur l'abîme, étagée aux flancs de la montagne, la ville effarouchée, comme l'appelle Alexandre

Dumas, avec ses maisons pareilles à une volée d'oiseaux qui s'est posée où elle a pu : voilà Tiflis. On devine les coins pittoresques que présente une pareille ville : c'est un vieux pont enjambant le torrent, une ruelle qui dégringole dans la Koura, ou encore l'ancien château des Rois de Géorgie dont on aperçoit toujours, au bout de quelque rue, les tours ornées de grands losanges en mosaïques. — Mais, avant de visiter la ville, allez porter votre carte chez le consul de France ; avec une bonne grâce charmante, M. Auzépy mettra à votre disposition, non seulement son drogman, mais encore sa connaissance approfondie des hommes et des choses de l'Asie. — Maintenant, permettez-moi de vous présenter le guide qui va nous accompagner en Transcaspie : Thomas Raschid est un jeune Persan Chaldéen, originaire d'Ourmia ; les missionnaires français en ont fait, non seulement un bon catholique, mais encore un brave garçon, pas très débrouillard, mais honnête et dévoué. Joignez à cela qu'il parle une demi-douzaine de langues et fera un excellent service de valet de chambre. Un conseil pour terminer : si jamais vous prenez un guide à Tiflis, méfiez-vous des prétendus princes géorgiens, en costume national, qui vous offriront leurs services. Ils sont très décoratifs, très adroits, mais les hôtels et les bazars doubleront leurs gages à vos dépens, et puis, au début, il est gênant de faire brosser ses chaussures par un monsieur portant un arsenal à la ceinture et vous parlant de ses ancêtres.

Des rues, bizarrement bordées de maisons basses, avec des balcons persans, contournent le donjon losangé des Rois de Géorgie et grimpent au jardin botanique. Vous poussez une porte, et un précipice s'ouvre devant vous : c'est un coup de théâtre. A vos pieds s'étendent les deux villes, européenne et asiatique, russe et persane ; l'antique Cyrus, devenu la Koura, serpente entre deux murs de rochers taillés à pic, sertis dans une mosaïque de toitures vertes ou rouges, avec des façades blanches, des dômes argentés et des minarets pointus; à gauche, le couvent de Saint-David met sa note claire sur le gazon desséché d'une colline, et au loin la chaîne du Caucase ferme le paysage par une grande barre violette. Descendons rapidement l'escarpement rocheux, en cueillant au passage les grandes mauves jaunes qui y foisonnent, nous voici sur les toits, puis dans la rue qui va nous conduire aux bazars.

Un adorable fouillis de boutiques de bric-à-brac, de cuisines en plein vent, d'ateliers ouverts où tous les métiers se font sous les yeux des passants. Chaque industrie a son quartier; celui des orfèvres est l'un des plus curieux, on les voit ciseler les cartouchières géorgiennes, les bijoux persans, ou la poignée des *kindjals*, avec une délicatesse et une rapidité surprenantes. Et combien de scènes de mœurs, de tableaux de genre, dans ces échoppes où les marchands vous invitent à entrer! Voyez plutôt les boutiques d'armuriers du bazar arménien : il y a là des monceaux de sabres persans à fourreau vert, des pistolets turcs à canon niellé, des *kindjals* merveilleusement trempés que le marchand soumet à la double épreuve : la lame de tungstène entaille la lame d'acier qui vient de couper un sou en deux. En offrant le quart du prix demandé, on a chance d'obtenir l'arme convoitée, tandis qu'au bazar persan les marchands de tapis se montrent intraitables; formant un syndicat, ils s'entendent comme larrons en foire, et quand on discute leurs prix, ils vous répondent en invoquant Allah. Leur mosquée est précédée d'une sorte de lavoir obscur, avec une piscine où les croyants font leurs ablutions; l'intérieur, peint en blanc, est absolument nu, toute l'ornementation est réservée pour la coupole, décorée de stalactites et d'alvéoles aux couleurs éclatantes. A la voûte, un lustre; dans un coin, une chaire à prêcher; par terre, des nattes où, sous la lumière blanche tombant d'en haut, les croyants, déchaussés, accroupis sur leurs talons, prient, les yeux tournés vers la Mecque. Toutes les mosquées sont dans le même goût; les églises orthodoxes, arméniennes ou chaldéennes, n'offrent pas plus d'intérêt; mais, à défaut de monument, Tiflis présente une variété de costumes qui déroute l'étranger.

Tiflis est, en effet, la ville cosmopolite par excellence, et le personnel même de notre hôtel fournit un échantillon des races les plus variées : le propriétaire est Autrichien, sa femme est Française, les domestiques sont Russes, Tatars ou Arméniens, enfin, le portier est Chaldéen. Ici, les tramways sont belges, les bains persans, les cafés-concerts arméniens ou allemands, car la colonie allemande, groupée dans le quartier de la gare, a conservé sa langue et ses mœurs. Toutes les peuplades du pays sont représentées à Tiflis, et Dieu sait combien on en compte. Les peuples voyageurs qui voulurent traverser le Caucase furent souvent refoulés et durent chercher un refuge dans les vallées; chaque grande fluctuation parmi les peuples amena ainsi au milieu de ces montagnes de nouvelles épaves de nations. Le Caucase devint « le mont des langues », et, de nos jours, comme au temps de Strabon, on y parle soixante-dix idiomes.

Tcherkesses et Kabardiens, Lesghiens et Mingreliens, Iméretiens et Géorgiens, tous sont beaux, souples, avec des airs de grands seigneurs et une taille à faire rêver une Parisienne. On prétend que les mères tiennent leurs enfants le dos appliqué contre une planche, et que leur cambrure merveilleuse n'a pas d'autre secret. Le costume tcherkesse, d'une singulière coquetterie, sied parfaitement à ces hommes adroits et souples : la longue robe grise, ouverte sur une chemisette claire, avec les cartouchières d'argent et le poignard damasquiné, est devenue une sorte d'uniforme national pour tous les Caucasiens ; les cosaques russes l'ont adopté, et l'on voit jusqu'aux juifs pacifiques se revêtir de la *tcherkessa* ornée de cartouchières inutiles pour eux (1).

Pauvres juifs ! ici, ils ont trouvé leurs maîtres. « Un Arménien vaut trois Juifs », dit le proverbe, et il ajoute : « Le Géorgien a son intelligence dans le regard, l'Arménien l'a dans sa tête. » Aussi, joue-t-il, en Asie, le rôle du juif en Algérie : embusqué derrière son comptoir, l'Arménien dépouille impunément et légalement le Géorgien chevaleresque et naïf. Quand la mesure est comble, le Géorgien se fâche, tire son *kindjal,* et l'Arménien pousse des cris épouvantables ; alors, c'est un *tolle* général dans la presse européenne, les Anglais donnent le signal, et tous les journaux s'attendrissent sur les malheurs de la vertueuse Arménie ; quant aux Russes, plus sceptiques, ils n'ont pas oublié le mot de Pouschkine : au Caucase, l'homicide n'est qu'un geste.

(1) E. Reclus, *l. c.*, vi, 87 et 103.

De toutes les peuplades caucasiennes, celle des Khevzoures a conservé le costume le plus extraordinaire ; seuls dans le monde entier, peut-être, ils portent encore la cotte de mailles, et on s'est demandé s'ils ne descendaient pas vraiment de quelque bande de croisés repoussés par les Sarrasins jusqu'aux sources de l'Alazan. Très fiers de cette origine illustre, les Khevzoures ont cependant perdu les traditions d'hospitalité chevaleresque de leurs ancêtres, et il est prudent, dit-on, de prendre une escorte pour visiter leurs villages. A certains jours de l'année, ils descendent en ville, le 12/24 septembre notamment, et le voyageur n'est pas peu étonné de rencontrer des guerriers bardés de fer se promenant dans les rues. Et, cependant, il fait ici une chaleur terrible ; s'il est vrai que Tiflis veuille dire « ville chaude », jamais ville n'a mieux mérité son nom : elle étouffe dans la carapace de rochers qui l'enferme ; aussi, quand vous aurez visité le musée ethnographique, uniquement pour faire plaisir au Dr Raddé, parcourez le musée militaire, où un peintre français, très apprécié ici, Roubaud, a retracé l'histoire de la conquête du Caucase, et prenez vite le train pour Bakou.

VIII

Bakou.

Les dames d'Elisabetopol. — Les brigands caucasiens. — Humboldt et la mer Caspienne. — Le palais des Khans. — Célérité et discrétion. — La tour de la Jeune Fille. — Légende incestueuse. — Un puits de pétrole. — La procession sanglante de Chaksoï-Vaksoï. — Une raffinerie. — Presqu'île d'Apchéron. — La région maudite. — La Ville Noire. — Lacs empoisonnés, forêt artificielle et feu spontané. — Temple de Zoroastre. — Les Parsis. — Le sergent centenaire Wrgosick.

L'express ne met plus que dix-huit heures pour aller de Tiflis à Bakou, cependant le trajet serait monotone sans le profil lointain des monts d'Arménie et du Daghestan. La locomotive, chauffée au pétrole, donne aux voyageurs un avant-goût des senteurs que Bakou leur réserve. A Elisabetopol, la grande distraction des dames de la ville est de venir à la gare, pour voir passer les trains ; avec leur voile blanc et leurs anglaises d'un autre âge, elles ont toujours l'air d'être en toilette de noce, mais le visage est d'un joli ovale, et les grands yeux bistrés ont un regard singulièrement expressif. Question de climat, sans doute, car cette vallée est, dit-on, un des points les plus chauds du monde, et, près de chaque station, on a élevé un mirador où les employés passent la nuit quand la chaleur devient intolérable. Un autre agrément du pays, c'est le brigandage : de temps en temps, une bande de pillards descend de la montagne et met à sac une gare ; ils se sont bien permis, l'année dernière, d'attaquer le train à Oudjari, après avoir incendié une usine établie dans les environs. Les voyageurs durent faire le coup de feu : on se serait cru en Amérique. Pour résister à ces incursions, les habitants ne sortent plus qu'en armes ; on voit des galopins attachés par leur famille à un *kindjal* plus long qu'eux, et la Compagnie a installé dans chaque gare un poste de cosaques, mais ce sont des irréguliers, des cosaques de louage. La carabine à la grenadière, le fouet à la main, ils montent la garde près de leurs petits chevaux toujours sellés, mais ils ont l'air de vrais bandits, et j'imagine qu'ils doivent alterner, tantôt voleurs et tantôt gendarmes.

Plus loin, la voie traverse un véritable désert ; des villages gris, à maisons basses couvertes en argile, sont perdus au milieu des sables, et des efflorescences salines couvrent le sol d'une légère couche neigeuse. Nous devons approcher, car l'horrible odeur du pétrole saisit la gorge, et d'innombrables cheminées noires se montrent là-bas, sur la gauche.

A la gare, des voitures persanes, grossièrement enluminées de fleurs aux teintes éclatantes, portent en guise de siège une sorte de chaire où le cocher se tient debout ; des rues poussiéreuses et cahotantes descendent de la gare vers le port, et voici la mer Caspienne.

Humboldt raconte que, lorsqu'il la contempla pour la première fois, il éprouva une des grandes émotions de sa vie de voyageur ; j'avoue, à ma honte, ne pas avoir ressenti la même impression. Une eau d'un joli bleu, scintillant gaiement au soleil, des vaisseaux à l'ancre, un stationnaire d'où partira tout à l'heure le coup de canon de midi ; sur le quai, de grands portefaix persans, assis sur des pièces prises aux Turcs ; dans le fond, des collines pelées, calcinées, toutes grises : tel est le port de Bakou. L'émotion annoncée tardant à se produire, montons à la ville persane ; les ruelles escarpées du bazar, avec leurs échoppes ouvertes, rappellent de loin celles de Tiflis ; tout en haut de la ville, un rempart, souligné d'ombres dures et flanqué de grosses tours rondes, est coupé par une porte monumentale donnant accès dans la citadelle ; le palais des Khans en occupe le sommet : jamais, en Asie, un sujet ne peut être logé plus haut que son maître. Les portes du palais sont de petites merveilles, leur ogive découpe sa ligne pure sur un tympan délicatement ciselé, couvert d'inscriptions et d'arabesques. L'intérieur est vide, inhabité ; je pousse une porte, et nous sommes dans un cloître bas, encombré de caisses vides ; au centre, un édicule octogone s'élève sur un massif de maçonnerie : c'est la salle du jugement. Une échelle donne accès dans une petite chambre voûtée, reposant sur une oubliette ; en déplaçant une pierre du pavé, on faisait disparaître la tête du supplicié, on emportait le corps, on replaçait la pierre, et tout était dit.

Au pied du château, sur le port, une construction massive, ceinturée d'une couche de badigeon, attire de loin le regard : on l'appelle la Tour de la Jeune Fille, et Alexandre Dumas raconte ainsi sa légende. Un Khan de Bakou avait une fille très belle ; tout au contraire de la Mirrha antique, qui était amoureuse de son père, ici, c'était le père qui était amoureux de sa fille. Celle-ci, pressée par son père, et ne sachant comment repousser sa passion incestueuse, fit ses conditions au Khan : elle céderait si, comme preuve de son amour pour elle, il voulait lui faire bâtir une tour plus haute et plus forte que toutes celles de la ville. Quand celle-ci fut terminée, elle monta au sommet et se jeta dans les flots. Aujourd'hui, elle se casserait la tête sur le trottoir, car un large quai passe sous la tour et va nous conduire à Baïloff : c'est le quartier des marins, et on y mène joyeuse vie quand les équipages descendent à terre. Une bande de matelots en bordée sort précisément d'une maison mystérieuse, un accordéon conduit la danse, et l'on pourrait se croire à Toulon ou à Cherbourg, le cadre seul est changé. Une vilaine route poussiéreuse suit le bord de la mer et passe à Bibi-Eibat, où sont les puits Rothschild ; la voiture enfonce dans une boue huileuse, longe des ruisseaux de pétrole et côtoie des mares fétides. Voici une cheminée en planches noircies et disjointes recouvrant l'orifice d'un puits : le précieux liquide, projeté par une poussée irrésistible, jaillit comme une trombe ; sa couleur est d'un brun ambré. L'énorme jet va se briser contre la toiture qui tremble sous le choc, et le pétrole retombe en ruisselant de toutes parts ; il dégoutte des charpentes, glisse sur les parois de la cage, et s'écoule par de longs conduits souterrains jusqu'aux raffineries de la Ville Noire. C'est de l'or qui coule là : telle source a rapporté 300.000 francs par jour ; quand elle s'arrêtera, on plongera dans le puits un long cylindre, et on le videra jusqu'à la dernière goutte, pour recommencer à côté.

Le village persan que l'on aperçoit tout près est le théâtre d'une cérémonie sanglante que les *Chiites* célèbrent le 15 août, en commémoration de la mort violente de Hassan et de Hossein. Il y a trois ou quatre ans, dans une bourgade des environs, un de mes amis tomba, sans s'en douter, au milieu de la fête. Les fidèles, vêtus de blanc et la tête rasée, s'avançaient en procession, au son d'une musique barbare, rythmée par les tambourins ; venaient ensuite les porteurs de bannières marchant à reculons, puis une sorte de géant armé d'un *kindjal*, et enfin une vingtaine de fidèles auxquels les *Mollahs* avaient appliqué des coups de sabre sur le sommet du crâne. Les malheureux, fanatisés, chantaient, criaient, poussaient des hurlements atroces, en se frappant la tête pour élargir leurs blessures. Le sang coulait à flots, formant de larges plaques sur les poitrines et descendant en filets rouges le long des épaules ; les têtes ne formaient plus qu'une boule hideuse dont la teinte s'exaltait encore par le plein soleil et le voisinage des vêtements blancs ; enfin, les femmes, assises sur les terrasses des maisons voisines, assistaient curieuses à cette scène d'horreur où elles apportaient le contraste de leurs toilettes aux couleurs tendres et harmonieuses. Dans cet affreux pays, calciné, empesté, maudit de Dieu, l'horrible spectacle évoquait le souvenir des sacrifices humains et semblait plus terrifiant encore.

Avant de quitter Bibi-Eibat, visitons la raffinerie Taguiew, propriété d'un Persan millionnaire. Elle a été construite par un ingénieur français, M. Saint-Mars, qui a bien voulu nous montrer lui-même les transformations multiples que subit le pétrole. Pendant une heure, on n'a parlé que d'alambics, essences volatiles et huiles lourdes ; le plus clair de ces explications techniques, c'est que le pétrole entré ici brun et trouble en sort blanc et limpide. — En sortant, M. Saint-Mars se lave les mains dans l'huile :

— Cela vous étonne; mais ici le pétrole sert à tous les usages : il y a même des gens qui en boivent.

— Drôle de goût !

— Ils prétendent qu'un verre de pétrole vaut deux verres d'Hunyadi Janos.

L'après-midi, nous irons à la presqu'île d'Apchéron, pour visiter la Ville Noire, Balakhany et Sourakhany; on peut s'y rendre en chemin de fer, ou par une route poussiéreuse, coupée d'ornières et parsemée de véritables trous où nous avons cru verser cent fois : mais nous avons un cocher russe, et un cocher russe ne s'émeut pas pour si peu. — Le pays est affreux, il faut venir jusqu'ici pour se rendre compte de sa désolation suprême : l'air est corrompu, les collines pierreuses et calcinées n'ont pas un brin d'herbe, pas une goutte d'eau, car ces lacs empoisonnés ne contiennent que des résidus industriels, et les oiseaux, les insectes mêmes ont fui cette région empestée où il ne pleut jamais et où tout sue le pétrole.

A droite, c'est la Ville Noire, où plus de cent raffineries sont reliées aux puits d'extraction par des conduites de 16 kilomètres. Semblables à de gigantesques serpents, elles courent sur le sol, s'entrecroisent et coupent la route, sans jamais s'inquiéter des voitures. A gauche, c'est la ville des puits, Balakhany, dont les cheminées en bois, serrées l'une contre l'autre, ressemblent de loin à une forêt monstrueuse, seule végétation de ce pays où tout arbre meurt. Les constructions, toutes en planches, baignent dans le pétrole, la rue est un cloaque huileux, et le service de la voirie est confié à une légion de chiens galeux et efflanqués. Joignez à cela l'odeur empestée qui vous poursuit, vous obsède, empoisonne tout ce que vous touchez, et admirez la toute-puissance de l'argent qui attire et retient l'homme dans un pays que Dieu avait fait inhabitable. La presqu'île d'Apchéron est tellement saturée de pétrole que les gaz inflammables sortent de terre spontanément, et Reclus affirme que, pendant les nuits orageuses, on a vu des manteaux de lumière étendre leurs replis phosphorescents sur le flanc des collines : la légende de Prométhée, voleur du feu, n'a peut-être pas d'autre origine. Dans cette grande usine préparée par la nature, vous enlevez une pelletée de terre, vous approchez une allumette, et la flamme jaillit. Les indigènes utilisent ce combustible gratuit dans des fours à chaux primitifs, mais comment l'industrie n'a-t-elle pas encore songé à exploiter sérieusement ce foyer inépuisable?

Enfin, nous arrivons à une petite construction carrée, entourée d'une cour ; la porte est fermée, Raschid va chercher le gardien, et nous voici dans le temple de Zoroastre, l'apôtre du feu éternel. — Pauvre feu éternel ! il faut qu'un gamin grimpe sur le toit du temple pour l'allumer, et Zoroastre même paraît bien délaissé. Jadis, les pèlerins traversaient l'Océan Indien, pour venir adorer ici le symbole de la divinité, et, tout récemment encore, le temple était desservi par deux prêtres parsis ; aujourd'hui il est laïcisé : devenu une dépendance de la raffinerie Mirsaiow (Kotcharow successeur), il est gardé par un invalide. — Quatre piliers supportant une coupole flanquée de quatre tuyaux, voilà tout le temple ; quatre feux de cheminée, voilà tout le culte. La cour est décorée d'inscriptions persanes et entourée de cellules où je remarque le double triangle du sceau de Salomon ; mais les cellules sont vides, le temple est abandonné, et les adorateurs du feu, persécutés par les Musulmans, ont fini par quitter le pays. Ils se sont réfugiés en Perse ou aux Indes, ils forment à Bombay une colonie prospère, et, à Boukhara, nous les reconnaîtrons à la petite flamme qu'ils portent tatouée sur le front. On leur reproche de se marier entre frère et sœur, et de s'occuper d'occultisme, mais ils sont doux, polis, bienfaisants, et ils prétendent enfin descendre des Mages qui vinrent à Bethléem adorer Jésus dans la crèche.

Ce qu'il y a de plus curieux peut-être dans le temple de Zoroastre, c'est l'invalide préposé à sa garde. Gabriel Jacoblow Wrgosick n'a que cent quatre ans, bien qu'il se vante d'en avoir cent huit, par une coquetterie assez commune chez les vieillards. Il était à Moscou en 1812, se rappelle l'incendie de la ville, la retraite de la Grande Armée, et nous raconte, qu'à la rentrée des Russes, il vit jeter par les fenêtres tous les Français trouvés dans les maisons que le feu avait épargnées. En sa qualité de Polonais, Wrgosick essaya d'échapper au service militaire, et jusqu'à l'âge de quarante et un ans il resta réfractaire, mais, en 1834, il fut arrêté et envoyé au Caucase, où il fit la guerre pendant quinze ans. Voilà quarante-sept ans qu'il habite Bakou ; il est veuf, et ses deux enfants sont morts du choléra. — Aujourd'hui, c'est un petit vieux, tout ratatiné, le visage sillonné de mille rides ; mais le pétrole l'a étonnamment conservé, l'œil est toujours brillant, et, quand on paraît douter de ses dires, le vieux brave s'anime et va chercher son congé militaire. Comme nous lui serrions la main, en le quittant :

— Au revoir, mon brave !

— Au revoir? Oui, là-haut! répondit-il en montrant le ciel. Pauvre vieux! puisse ton souhait se réaliser.

IX

Gheok-Tépé.

Les passagers de l'*Ad. Kornilove.* — La mer Caspienne. — Nuit d'Orient. — Ouzoun-Ada. — Effet d'optique. — En plein désert. — Le *saxaoul* et les dunes mobiles. — Le transcaspien. — Les commandements du Prophète. — Oasis d'Akhal. — Un *Aoul.* — Siège de Ghéok-Tépé. — Le martyre du canonnier Nikitine. — Les femmes turcomanes. — Les Tékkés. — Chevaliers barbares. — Les milices turcomanes. — La guerre de demain.

Le bateau part à 2 heures et demie,

Le ciel est pur, la mer est belle,

comme dit la chanson, profitons-en pour faire connaissance avec les passagers que notre bonne étoile nous fait rencontrer à bord de l'*Ad. Kornilove.* C'est d'abord le comte Alexis Bobrinskoy, un grand propriétaire de Kiew, qui touche de près à la famille impériale; ancien maréchal de la noblesse de Petersbourg, le comte est actuellement vice-président de la commission impériale d'archéologie (le pendant de notre commission des monuments historiques), et il se rend à Samarkande pour surveiller les travaux de restauration qu'on y exécute. Ensuite vient le prince Alexandre Gagarine, un descendant de Rurik; ancien aide de camp du général Annenkow, il a quitté l'armée pour la diplomatie, et, chargé par intérim de représenter le Tzar auprès de son vassal l'Émir de Boukhara, il va présenter au souverain ses lettres de rappel. Enfin, un explorateur connu, notre compatriote M. Edouard Blanc, va compléter sur place les remarquables études qu'il a déjà publiées sur l'Asie centrale et le Turkestan. — Traités en amis par M. Edouard Blanc, accueillis par le prince Gagarine et le comte Bobrinskoy avec la courtoisie exquise qui est de tradition dans l'aristocratie russe, nous avons pu, en quelques semaines, apprendre bien des choses et voir bien des dessous, sans oublier que toute vérité n'est pas bonne à dire.

Cependant, les côtes de Bakou disparaissent à l'horizon; on sait que, depuis dix siècles, ces côtes s'élèvent et s'abaissent alternativement, sous l'action de forces souterraines, et le récif que nous avons contourné en sortant du port est un ancien caravansérail envahi par la mer. A en croire les savants, Bakou serait menacé du même sort, mais tout est mystérieux dans cette ancienne mer d'Hyrcanie, qui était fabuleuse avant Hérodote, et n'est pas beaucoup plus connue de nos jours. — On se rappelle le mauvais jeu de mot fait à l'occasion d'une dame qui, conduisant sa fille dans le monde, évitait toute relation avec ses voisines :

— Vous savez comment nous l'avons surnommée? la mer Caspienne.

— ???

— Parce que c'est une mère qui ne communique pas avec les autres mères.

Eh bien ! on assure aujourd'hui que la Caspienne correspond, par des canaux souterrains, avec la mer Noire et le golfe Persique : on ne saura bientôt plus à qui se fier. — Grande comme les quatre cinquièmes de la France, elle est à 26 mètres au-dessous du niveau des mers voisines, et présente deux autres particularités : c'est la seule mer du globe où ne flotte pas le pavillon anglais, et puis elle est tellement poissonneuse que le produit de ses pêcheries atteint annuellement 100 millions de francs. Son bassin inégal présente, à côté de véritables gouffres atteignant 900 mètres de profondeur, des bancs de sable où le moindre vent soulève des lames courtes et irrégulières. De là son mauvais renom et le dicton des marins russes : « La Méditerranée est bonne, la mer Noire médiocre, et la Caspienne détestable. »

Aujourd'hui, elle fait mentir le proverbe; le soleil descend en grande pompe dans les flots unis comme une glace, puis, par une suite de transitions savantes, l'embrasement s'éteint dans une troublante nuit d'Orient chantée par les poètes, nuit transparente illuminée par

Cette obscure clarté qui tombe des étoiles.

Le lendemain, au réveil, la terre est en vue : ce sont des amas de sable jaune, monticules changeants, où les ingénieurs russes ont improvisé une jetée, des magasins, quelques maisons et une gare, le tout en bois.

Ouzoùn-Ada est la tête de ligne du chemin de fer transcaspien, mais ne débarque pas qui veut. Pour descendre à terre, il faut une autorisation spéciale, le fameux *Otkrytyi-list;* on le refuse ordinairement aux Anglais, souvent aux Allemands, et rarement aux Français. Cependant, une erreur de l'ambassade de Russie a failli tout gâter, et, sans la haute intervention du lieutenant-général de Feldmann, je ne sais comment nous aurions fait. Détail à signaler : on ne remet aucun titre constatant l'autorisation accordée, on ne vous demande aucune justification, pas même votre nom, mais votre arrivée est signalée, et vous ne débarquerez pas si Petersbourg n'a télégraphié l'ordre de vous laisser passer. La côte transcaspienne est d'une tristesse indicible : sous un ciel implacablement bleu, un désert jaune dont le sable impalpable forme de petites vagues mouvantes ou de gros tas striés régulièrement. Le pied enfonce dans le sol brûlant et mobile, mais grimpez sur un de ces monticules, et vous paraissez un géant. Est-ce un effet de mirage? Ne serait-ce pas plutôt le résultat des stries qui trompent l'œil, privé de point de comparaison? Tous les voyageurs ont constaté le phénomène, aucun, je crois, ne l'a expliqué. — Le régime des dunes est uniforme : une croupe en pente douce se terminant brusquement par un à pic tourné du côté opposé à la direction du vent dominant; celui-ci vient-il à s'élever, le sable se met en mouvement, remonte lentement la pente, escalade la crête et glisse doucement sur le versant opposé. Une légère vapeur, un soupçon de fumée révèle seul la marche du sable, mais prenez un point de repaire, et vous constaterez avec quelle rapidité la dune se déplace. — Il y a quelque chose d'effrayant dans cette marche silencieuse et patiente des sables qui engloutissent les caravanes et ont enseveli les villes dont nous verrons demain les ruines dévastées.

Pour arrêter cet envahissement, on a essayé tous les systèmes, mais on est toujours revenu au *saxaoul*. Le *saxaoul* est un buisson à racines pivotantes, à bois dur plus dense que l'eau, portant de toutes petites feuilles, et des baies noires aux taches indélébiles. Le vaillant arbuste, que Reclus compare à un fagot verdoyant, tient tête aux sables, et seul il a rendu possible l'exécution du chemin de fer le plus audacieux que l'homme ait jamais construit : une ligne de 1.500 kilomètres dans un désert mouvant. Il fallait la force de volonté d'Annenkow, l'énergie de ses officiers et la discipline du soldat russe pour mener à bien une pareille entreprise.

Nous avons toute la journée devant nous, le train de voyageurs ne partant que le soir et seulement trois fois par semaine ; quant au train de marchandises quotidien, il comporte seulement quelques wagons de troisième classe. Le matériel est détestable, c'est le rebut des petites lignes russes : les voitures, peintes en blanc, sont pourvues de couchettes, mais on a négligé de rembourrer celles de l'étage supérieur. Heureusement, le train comprend un wagon restaurant qui sera notre providence pendant l'interminable voyage ; il remorque aussi des wagons à pétrole, des wagons-citernes apportant aux stations de l'intérieur leur provision d'eau, et voici même un wagon-chapelle orné de la double croix d'or. — Aussi bien, on voit des choses fort intéressantes dans cette affreuse petite station d'Ouzoun-Ada : des portefaix demi-nus au torse de bronze rouge; de gigantesques Tékkés à tournure martiale, encore grandis par la longue robe et le bonnet à poil; un directeur des postes majestueux, timbrant les lettres, avec la croix de Saint-Stanislas au cou et la plaque de Boukhara sur la poitrine; enfin, égarés dans ce désert, un coupé et un landau portant l'adresse de « Sa Sainteté » l'Émir. — Dans l'ombre violette projetée par les bâtiments de la gare, une vingtaine de Persans se tiennent accroupis; les femmes sont hermétiquement voilées : c'est un paquet de linge; les hommes boivent du thé, fument dans des narghilés luxueux, font leurs ablutions ou disent leurs prières, mais tout cela sans bruit, sans mouvement inutile, selon les commandements du Prophète :

Jamais tu ne te hâteras,
Tu arriveras sûrement.

De rien tu ne t'étonneras,
Quoi que tu voies de surprenant.

Si tu parles, parle tout bas,
N'imite pas l'âne brayant.

Enfin, jamais tu ne feras
Un seul acte inutilement.

C'est là tout le secret de la force des Orientaux : l'inertie élevée à la hauteur d'un dogme.

A 6 heures et demie, le train se met en marche, suit la longue digue reliant Ouzoun-Ada à la terre ferme, et s'enfonce définitivement dans le désert. — Je me suis promis de ne pas faire de description, d'abord la tâche est au-dessus de mes forces, et puis, dans ce pays de toutes les merveilles, on diminuerait les effets en cherchant à les rendre. Comment dépeindre, par exemple, un coucher de soleil dans la plaine sans fin, lorsque du zénith à l'horizon une teinte savamment dégradée va du bleu vert intense au rouge le plus éclatant? Comment rendre la splendeur de ces nuits du désert, aux ténèbres transparentes, et la majesté de ces solitudes infinies où l'âme est tout près de Dieu? On passerait la nuit entière, accoudé au balcon du wagon, bercé par la marche du train, l'âme perdue dans une vague rêverie qui s'empare des imaginations les moins poétiques.

Demain, le soleil nous montrera les montagnes de Perse, toute une chaîne de rochers drapés de velours gris, avec de grandes ombres bleues. Au désert a succédé une plaine, parfois cultivée, parfois couverte de tamaris couleur lie de vin : nous sommes dans l'oasis d'Akhal-Téké. De loin en loin, une petite forteresse d'argile dresse son enceinte carrée, flanquée de quatre tourelles : les cultivateurs, surpris dans les champs, y trouvaient un abri contre les pillards turcomans, et un petit mur de boue suffisait à arrêter les plus audacieux cavaliers que l'on connaisse au monde. Des équipes d'ouvriers indigènes, beaux comme des bronzes antiques, réparent la voie, ébranlée par le dernier tremblement de terre ; de longues files de chameaux à deux bosses, perchés sur des jambes difformes, balancent mélancoliquement leur tête stupide ; plus loin, un campement de Tékkés, un *aoul*, aligne ses tentes en feutre, surmontées d'une coupole arrondie, et telles que Marco Polo les décrivait il y a six siècles : l'Asie est immuable. Après la moisson, ces nomades décamperont, emmenant chevaux, femmes, chiens, moutons et chameaux; ils s'arrêteront là où ils trouveront de l'eau, cultiveront, récolteront et reprendront ensuite leur vie errante, en évitant toute relation avec les Turcomans sédentaires, comme avec les Russes qui les laissent aller à leur guise. Toutes les vingt-cinq verstes environ, une maison blanche gardée par quelques hommes du bataillon des chemins de fer; il y a comme cela soixante et quelques stations jusqu'à Samarkande. Le colonel Cochard en a donné la liste, d'après M. Edgar Boulangier; depuis huit ans, on a construit quelques stations nouvelles et changé quelques noms, mais ses indications sont encore suffisamment exactes pour me dispenser de les reproduire.

Vers 10 heures du matin, on arrive à Ghéok-Tépé, dont le nom, parfaitement inconnu naguère, retentit dans toute l'Europe, il y a une quinzaine d'années. Il faut lire dans, la *Revue militaire de l'étranger* (1), le rapport du général Grodekow, chef d'état-major de Skobelew pendant la campagne qui amena la prise de la forteresse turcomane et la soumission de tout le pays. Depuis longtemps, les Russes, fatigués des incursions des Tékkés, voulaient mettre la main sur l'oasis d'Akhal; pour cela, il fallait s'emparer de Denghil-Tépé, « la forteresse rouge », improprement appelée Ghéok-Tépé. Elle était formée d'une simple muraille d'argile, entourée d'un fossé et garnie de casemates; son pentagone irrégulier avait près d'une lieue de tour, mais il ne renfermait pas une maison, et les Tékkés campaient dans cette enceinte comme en plein désert. — Une première expédition, commandée par le général Lomakine, fut

(1) Années 1884, (II) et 1885, (I et II).

tentée en 1879; après l'assaut malheureux du 8 septembre, les Russes durent battre en retraite, et leur échec eut, dans l'Asie centrale, un immense retentissement. L'année suivante, Skobelew fut chargé de réparer ce désastre : avec 7.750 hommes et 55 canons, il parvint, le 4/16 décembre 1880, devant la forteresse imprenable où 35.000 Tékkés avaient eu l'imprudence de s'enfermer. C'était une grosse faute : ces hardis cavaliers auraient pu, en tenant la campagne, en harcelant l'ennemi par les attaques vives et imprévues auxquelles ils excellent, faire subir peut-être à Skobelew le sort de Lomakine. Ils n'avaient pas d'artillerie, et tout leur armement consistait en cinq mille fusils, dont six cents seulement à tir rapide; mais ils ne surent ou ne voulurent pas en faire usage. Sans autres armes que leurs coutelas, ils firent trois sorties victorieuses, tuèrent aux Russes un général, leur prirent un drapeau et dix canons. Enfin, le 12/24 janvier 1881, le capitaine Ostalopow mit le feu à la mine, et le bastion sud-est sauta ; les Tékkés, surpris, crurent d'abord à un tremblement de terre, mais quand ils virent les colonnes d'assaut se diriger, musique en tête, vers la brèche, ils se portèrent résolument à leur rencontre. Il était trop tard, Denghil-Tépé était pris ; une partie de ses défenseurs parvint à s'enfuir vers Merw, les autres se firent massacrer jusqu'au dernier.

Un peu de statistique pour finir : dans ce siège de trois semaines, les Russes brûlèrent près de 300.000 cartouches et envoyèrent près de 6.000 obus sur la forteresse; leurs pertes s'élevèrent à 255 tués et 631 blessés, tous à l'arme blanche, détail très caractéristique. — On a reproché à Skobelew de n'avoir pas tiré parti de son artillerie : il aurait pu, a-t-on dit, écraser la citadelle sous les obus, et ménager la vie de ses hommes, mais, pour que la récompense fût à la hauteur de la peine qu'il s'était donnée, Skobelew voulut faire croire en haut lieu à l'extrême difficulté de l'attaque, et faire ressortir, par des échecs partiels, le succès assuré de la fin (1). — Skobelew prévoyait sans doute cette critique, lorsqu'il écrivait au général Grodekow : « Il faut exprimer de l'artillerie tout ce qu'elle peut donner, mais bien mauvaise est la préparation d'une entreprise militaire qui n'a pas tenu compte de la nécessité de remplacer, à la fin des fins, le boulet et la balle par la baïonnette. » Malgré tout, Skobelew ne s'est pas lavé du reproche d'avoir sacrifié la vie de ses soldats au soin de sa réputation militaire.

La citadelle est à deux pas de la gare, et quand, monté sur le parapet, on constate le peu de solidité de ces murailles de boue, trouées par les obus, on peut s'étonner du bruit que la prise de Ghéok-Tépé fit en Europe, et de l'auréole de gloire qu'elle jeta sur le vainqueur. Nous échangions ces réflexions lorque intervint un capitaine à barbe grise :

— Je vous demande pardon, Messieurs, mais j'ai fait la campagne de 1880, et je vous assure qu'elle a été très dure. Sans parler des difficultés du ravitaillement en vivres et en munitions, nous avions affaire à un ennemi d'une bravoure telle que jamais nous n'aurions pu en venir à bout s'il avait été commandé et armé convenablement ; mais les Tékkés rougissent presque de faire usage du fusil qu'ils considèrent comme indigne d'eux, leur arme est le coutelas, à lame droite, courte et large, avec double cannelure et double tranchant. Vous avez sans doute vu, à Tiflis, le *kindjal* qui a tué le général Petrousevitch ; vous

(1) Comte DE CHOLET, *Excursion en Turkestan*, p. 37.

trouverez à en acheter de semblables à Boukhara : c'est une arme terrible, bien en main et d'une trempe exceptionnelle.

— Les Tékkés avaient-ils une tactique?

— Ils excellaient dans les surprises et les attaques de nuit. Sans tirer un coup de fusil, ils se glissaient jusqu'aux tranchées, escaladaient vivement le parapet, et nos hommes, placés en contre-bas sur les banquettes, ne pouvaient tenir contre cet assaut furieux. Voyez-vous, contre un ennemi résolu, même armé de couteaux, les tranchées sont plus dangereuses qu'utiles; elles n'ont leur raison d'être que pour des troupes européennes, bien armées, mais n'ayant pas le courage de s'aborder franchement.

— Les Tékkés n'appellent-ils pas Skobelew « le chef aux yeux sanglants »?

— En effet, il a tué aux Tékkés une quinzaine de mille hommes, mais c'était une nécessité politique, et puis il fallait bien venger le martyre de Nikitine.

— Nikitine ?

— Un héros tout simplement. Le 30 décembre, l'ennemi fit une sortie sur notre gauche, bouscula nos avant-postes et s'empara de deux pièces de campagne. Les Tékkés parvinrent à en ramener une dans la forteresse, en même temps qu'un prisonnier, le canonnier Agathon Nikitine ; invité à pointer sa pièce contre nous, Nikitine refusa ; alors on lui coupa successivement les doigts des mains, puis les oreilles, ensuite on lui écorcha le dos, et, comme il refusait toujours de tirer sur les siens, on finit par le décapiter.

— Comment avez-vous fait pour enterrer tous ces cadavres?

— Ça n'a pas été long : on les a jetés dans le fossé de la forteresse, et on a ensuite écrêté sur eux le rempart. C'est notre médecin en chef, le docteur Heyfelder, qui a eu cette excellente idée.

— Est-il vrai que vos hommes aient livré le camp au pillage?

— C'est l'usage du pays ; le pillage dura quatre jours, et le butin s'éleva à six millions de roubles : franchement, nos hommes les avaient bien gagnés. Quant aux femmes et aux enfants, le général les fit mettre en lieu sûr, et ces otages hâtèrent la soumission de Tikma-Sardar.

— Les Turcomanes sont donc bien belles ?

— Oh ! il faut bien en rabattre de la beauté des Turcomanes ; ce sont des viragos qui accompagnent bravement leur mari au combat ; elles ont pris part à toutes les sorties, et nous avons trouvé leurs cadavres jusque dans nos lignes. Les Persanes sont plus femmes, plus séduisantes, et les Tékkés en sont très friands ; mais, pour conserver leur sang pur, chaque guerrier prend toujours une femme de sa race, et ses enfants sont réputés plus nobles que ceux qui naissent des femmes persanes.

— En somme, vos Turcomans-Tékkés ont plus d'un point de ressemblance avec nos Arabes.

— C'est certain, ainsi ils adorent le cheval, et on raconte ici qu'un Tékké se vit offrir un jour mille roubles de son pur sang : c'était une fortune, il se laissa tenter à condition que la somme serait comptée en argent. Le jour venu, quand le nomade vit les mille roubles empilés devant lui, il fut un moment ébloui, ramassa la somme, puis hésita, et enfin, jetant les roubles à terre, il sauta en selle, et reprit le chemin du désert (1). Et

(1) J. Leclercq, *Du Caucase aux Monts Alaï*, p. 263.

cependant les Tékkés sont bien pauvres : eux aussi ont été ruinés par l'annexion ; avant la conquête, les razzias de Persans leur permettaient d'équilibrer leur budget, tandis qu'aujourd'hui ils sont réduits à une misère profonde, et contraints à travailler eux-mêmes la terre qu'ils faisaient cultiver par leurs esclaves: c'est dur pour un peuple guerrier.

— Vous avez songé, sans doute, à utiliser ses qualités militaires ?

— La chose nous a été d'autant plus facile que les Tékkés sont d'une loyauté chevaleresque ; jamais ils ne violent leur parole, jamais nous n'avons pu trouver d'espion parmi eux. Trois mois après la prise de leur forteresse, ils ont fait leur soumission, et leur fidélité ne s'est jamais démentie ; nous avons tellement confiance en leur parole que nous avons constitué une milice indigène où les chefs ont conservé les grades qu'ils avaient conquis en nous combattant.

— Cependant, si l'on croit M. Ed. Boulangier (1), il n'existe pas d'assimilation entre officiers russes et officiers indigènes. Jamais les khans, eussent-ils le rang de colonel, ne sont admis à l'honneur de commander une *sotnia* de cosaques, et les sous-lieutenants de l'armée nationale leur accordent tout juste, dit-on, les égards qu'ils méritent.

— Ce n'est que trop vrai, mais on cherche le remède à cette situation. Le général Kouropatkine a été envoyé en Algérie pour étudier l'organisation de vos spahis, et le colonel de Kalitine essaye d'appliquer vos règlements aux milices turcomanes, dont il est l'instructeur suprême.

(1) Ed. Boulangier, *Voyage à Merv*. (*Tour du Monde*, 1887, I, 182).

cependant les Tekkés sont bien pauvres : eux aussi ont été ruinés par l'annexion ; avant la conquête, les razzias de Perse leur permettaient d'équilibrer leur budget, tandis qu'aujourd'hui ils sont réduits à une misère profonde et contraints à travailler eux-mêmes la terre qu'ils faisaient cultiver par leurs esclaves ; c'est dur pour un peuple guerrier.

— Vous avez songé, sans doute, à utiliser ses qualités militaires ?

— La chose nous a été d'autant plus facile que les Tekkés sont d'une loyauté chevaleresque ; jamais ils ne violent leur parole, jamais nous n'avons pu trouver d'espion parmi eux. Trois mois après la prise de leur forteresse, ils ont fait leur soumission, et leur fidélité ne s'est jamais démentie ; nous avons tellement confiance en leur parole que nous avons constitué une milice indigène où les chefs ont conservé les grades qu'ils avaient conquis en nous combattant.

— Cependant, si l'on croit M. Ed. Boulangier (1), il n'existe pas d'assimilation entre officiers russes et officiers indigènes. Jamais les khans, eussent-ils le rang de colonel, ne sont admis à l'honneur de commander une *sotnia* de cosaques, et les sous-lieutenants de l'armée nationale leur accordent tout juste, dit-on, les égards [illegible].

— Ce n'est pas [illegible], mais on cherche le remède à cette [illegible] ; le [illegible] Kouropatkine a été envoyé en Algérie pour étudier l'organisation de vos spahis, et le colonel de Kal-[illegible] essaye d'appliquer vos règlements aux milices turcomanes, dont il est l'instructeur suprême.

(1) [illegible], *Voyage à Merv. Tour du Monde*, 1887, [illegible].

MERW. - LA VILLE PERSANE

BOUKHARA

...

UN CARAVANSÉRAIL

Phototypes de M. V. Biston.

— Avec de pareils auxiliaires, disciplinés et rompus au maniement des armes perfectionnées, jusqu'où n'irez-vous pas ?

— Il est certain que nous aurons là un facteur d'une valeur inappréciable, dans la guerre de demain. Les oasis peuvent nous donner cinquante mille cavaliers, la terreur des peuples voisins, car ils sont aussi cruels que braves. Vous vous rappelez cet Émir qui, au retour de chaque expédition, se faisait présenter, sur un plat, les yeux arrachés aux prisonniers ; rien n'est difficile à détruire comme une habitude : or, de temps immémorial, les Tékkés ont l'habitude d'être vainqueurs, les Afghans, Boukhares et Persans ont celle d'être vaincus ; et puis rappelez-vous le mot de Skobelew : « Dans notre politique de l'Asie centrale, nous ne connaissons pas de parias ; c'est là notre élément de supériorité sur les Anglais. »

X

Merw

A l'Espérance. — La dernière bataille de Merw. — Douze mille esclaves à 19 francs pièce. — Le colonel Alikhanow. — Oasis de Merw. — Une course d'obstacles. — Le match du chameau. — Les trois Merw. — Tombeaux anonymes. — La mosquée de Sandjar et le coffret mystérieux. — L'archéologue en défaut. — Un peu d'histoire. — *Etiam periere ruinæ.* — 65° centigrades.

Après Askhabad, où nous faisons passer nos cartes au général Kouropatkine, gouverneur de la province, nous traversons l'oasis de l'Atek, puis un désert avec des ruines de villes ensablées.

et voici enfin l'oasis de Merw où nous arrivons au milieu de la nuit, après trente heures de wagon. Le seul hôtel européen, baptisé fort à propos du nom d'*Hôtel de l'Europe*, est en réparation, et il faudra nous contenter d'une modeste maison meublée portant l'enseigne : *A l'Espérance*. L'établissement est tenu par une ancienne cantinière russe, mariée à un acteur italien, nommé Spinelli ; pendant que le mari court l'Asie avec une troupe cosmopolite, la femme tient des garnis à Merw. Ses quatre chambres n'ont pas été habitées depuis longtemps, et les animaux domestiques qu'elles recèlent, éprouvés par un jeûne rigoureux, ont un arriéré considérable à récupérer sur les malheureux que la Providence leur envoie. A leurs attaques répétées, nous ripostons par la poudre de pyrèthre, mais les cigales arrivent à la rescousse, joignent leur fanfare au hurlement des chiens, et nous forcent à abandonner le champ de bataille pour aller visiter les ruines du Vieux-Merw, situées à vingt-cinq verstes d'ici.

Les Tékkés de Merw ont, dans leur histoire contemporaine, un curieux épisode : en 1861, le Schah de Perse, lassé des incursions fréquentes qu'ils faisaient dans ses états, résolut d'y mettre un terme en s'emparant de leur capitale, et il envoya contre eux une armée forte de 13.000 fantassins, 1.000 cavaliers et 33 bouches à feu. Les Merwiens n'avaient pas peur des Persans qu'ils avaient l'habitude de traiter comme du bétail : dans chaque razzia, les petits Tekkés eux-mêmes ramenaient toujours quelque prisonnier ; cette fois, l'ennemi était trop nombreux, il fallut traiter. Enorgueilli de ce facile succès, le général persan rejeta toutes les propositions, et on en vint aux mains. — Les Persans sont des artistes délicats, des ouvriers incomparables et tous les objets d'art, tous les monuments de l'Asie centrale portent leur empreinte, mais ils ne sont pas braves ; une fois en présence de leurs terribles adversaires, les fantassins jetèrent leurs fusils, les canonniers abandonnèrent leurs pièces, les cavaliers firent volte-face, et, contre toute attente, les Tekkés furent complètement victorieux. Toute l'armée persane, sauf quelques escadrons de cavalerie, tomba entre les mains du vainqueur, et le nombre des prisonniers fut tel que le prix d'un Persan, vendu sur les marchés d'esclaves de Khiva et de Boukhara, tomba à sept roubles, environ 19 francs. Les beaux sabres à fourreau vert, que l'on achète à bas prix dans la région, proviennent encore, sans doute, de cette journée mémorable. — Vingt ans après, lorsque Skobelew se présenta devant Ghéok-Tépé, les Merwiens accoururent au secours de leurs compatriotes, prirent part à trois combats heureux, mais, après la sortie meurtrière du 16 janvier, ils regagnèrent leur oasis, et c'est alors qu'Alikhanow entra en scène.

Alikhanow est le petit-fils d'un lieutenant de Chamyl, le khan Ali, il est lesghien et mahométan. Son père est lieutenant-général ; lui, il entre aux hussards de la garde, devient aide de camp du grand-duc Michel et lieutenant-colonel à vingt-huit ans. A la suite d'un duel retentissant, il est remis simple soldat ; survient la guerre de 1877, Alikhanow conquiert la croix de Saint-Georges et le grade de lieutenant. Alors, il pénètre, à l'aide d'un déguisement, dans l'oasis de Merw, se fait aimer de la veuve d'un grand chef, est admis dans le conseil des khans, et les amène à se donner volontairement au tzar, en 1884. Bien plus, il offre à son souverain un cadeau princier, en lui faisant céder des terres immenses, d'une fertilité incroyable, par un traité qui est à la fois l'œuvre d'un excellent patriote et l'acte d'un courtisan raffiné (1). A trente-huit ans, Alikhanow était lieutenant-colonel pour la seconde fois ; je crois qu'il l'est encore.

Par cette fraîche matinée d'automne, l'excursion aux ruines de Merw serait charmante sans l'incroyable poussière qui dessèche la gorge et pique les yeux. L'oasis est un vrai jardin, sillonné de ruisseaux blanchâtres ; ces alluvions sont d'une fertilité telle qu'elles donnent, assure-t-on, jusqu'à dix récoltes de luzerne par an. A gauche, un fouillis de saules et de roseaux gigantesques, hauts de cinq mètres et magnifiquement empanachés ; à droite, des champs bien cultivés où les perdrix rappellent, tandis que d'innombrables alouettes, éveillées à la fois, montent au plus haut du ciel comme pour gazouiller à l'oreille même du Créateur leurs prières du matin.

— Tiens ! vous devenez sentimental ?

— Excusez-moi, le coupable n'est autre que le comte Jean de Sabran : pour être hussard on n'en est pas moins poète.

Voici un *aoul* de Tekkés, entouré d'un mur d'argile et d'un fossé rempli d'eau sale. Des chevaux, emmaillottés de flanelles, errent librement parmi les tentes, et de grands chiens hargneux, aux oreilles coupées, viennent aboyer auprès des voitures. Le chemin, simple piste poussiéreuse, est coupé de nombreux canaux d'irrigation traversés par des ponts d'une construction rudimentaire : deux madriers et quelques planches en font tous les frais. Le tablier, toujours placé de biais, peut à

(1) Comte de Cholet, *l. c.*, p. 50.

la rigueur livrer passage à une voiture, mais quatre chevaux, attelés de front ne pourront jamais y trouver place; alors, le cocher rassemble les rênes, met l'attelage au galop et les chevaux, prenant leur élan, sautent le fossé. Je me demande encore comment nous n'avons pas roulé vingt fois dans l'eau.

Voici une caravane de chameaux couverts de sonnailles, le dernier porte au col une longue clochette dont le battant est un tibia ; elle fait la basse dans le concert, chasse les mauvais génies et fait fuir les loups. Un jeune chameau, tout dégingandé, se détache de la caravane et file devant nous, en soulevant des nuages de poussière; nos cochers veulent le dépasser, et une course épique s'engage, malgré les cris des chameliers. Notre concurrent prend un amble allongé qui fait ballotter ridiculement ses bosses, mais nos chevaux gagnent à la main et nous arrivons bons premiers, gagnant ainsi le match du chameau.

Un premier rempart d'argile, flanqué de tours rondes ornées de losanges et de striures régulières, signale le voisinage des ruines. Le colonel Kachtalinski réside tout à côté, à Baïram-Ali; quand il ne peut guider lui-même les étrangers dans le Vieux-Merw, il les fait accompagner par son interprète, une sorte de Tartarin maigre, dont les airs de matamore et le gigantesque *papak* blanc sont légendaires dans le pays. Le colonel est en congé, et, grâce à Raschid, nous pourrons nous passer de son interprète. Une belle porte en ogive donne accès à la première enceinte : c'est un éparpillement de ruines, de murs éventrés, de caves béantes, et partout, sous les pieds, des débris de toute sorte, verres irisés, poteries émaillées, briques vernissées qui ont peut-être deux mille ans d'existence et feraient la fortune d'un musée céramique. La seconde enceinte s'ouvre par une magnifique porte ogivale flanquée de tours, élégante construction en briques, admirablement conservée; au delà, les ruines s'étendent à perte de vue : les maisons ne présentent plus que des monceaux de décombres, mais les édifices ont mieux résisté. La grande mosquée découpe encore, sur le bleu vert du ciel, sa pure ogive que ne surmonte plus aucune coupole, et le palais, protégé par un double rempart, étale les tristesses de sa cour d'honneur dévastée.

Nous sortons de la ville sous une porte grandiose, encore exhaussée par un fossé profond, et les voitures filent vers la ville arabe dont on aperçoit, là-bas, les remparts et les mosquées. Un fossé infranchissable coupe le chemin; le pont, formé de quelques branches jetées sur des troncs d'arbre, est tellement impraticable que les cochers refusent de s'y engager, et il nous faut mettre pied à terre, sous un soleil déjà brûlant, pour atteindre une jolie ruine, décorée d'une mosaïque en briques émaillées dans les tons verts et bleus. Deux tombeaux délicatement sculptés ont survécu à la destruction de la mosquée, mais il a fallu les entourer d'une barrière pour les mettre à l'abri du marteau des collectionneurs. De longues perches portant un lambeau de toile blanche signalent ces tombes à la vénération des croyants, car elles abritent deux saints anonymes, les deux porte-étendard du sultan Sandjar. Tout bon musulman ramasse deux briques, les dresse l'une contre l'autre comme deux mains jointes, et pense obtenir ainsi la grâce de prier Dieu pendant l'éternité.

Voici de nouveau des fossés, des remparts, une véritable

citadelle féodale : c'est une troisième ville, la ville arabe, aussi dévastée que les deux premières. Encore une demi-heure de marche sous un soleil torride, et nous arriverons au tombeau de Sandjar ; la coupole grandiose a résisté aux siècles comme aux démolisseurs, et son dôme colossal reste debout, seul parmi toutes ces ruines. On a tout fait cependant pour le renverser : dernièrement encore n'a-t-on pas tenté de voler les coussinets de bois sur lesquels il repose. La voûte parait avoir été peinte et sculptée, mais sobrement, et un architecte de génie avait ménagé, sous la coupole, de merveilleux effets de lumière. Au sommet, un coffret de fer se balançait dans le vide, suspendu par des chaînes, à une hauteur vertigineuse ; pendant huit siècles, il est demeuré là, mystérieux, inaccessible, défiant la curiosité et la cupidité des hommes ; un jour, il y a quelques années à peine, le coffret disparut. Que contenait-il ? Le peigne d'or de la Sultane, dit la légende ; jamais nul ne le saura. — Au centre de l'édifice, un modeste tombeau en pierre noire abrite les restes du dernier des Seldjoucides de Merw, mort depuis neuf siècles ; deux Sartes sont préposés à sa garde, mais quelque hardi coquin finira bien par le voler un jour ou l'autre.

On s'attarderait volontiers dans la mosquée de Sandjar, véritable oasis de fraîcheur au milieu du désert brûlant ; mais il faut rentrer dans la fournaise pour regagner les voitures, après un coup d'œil sur la maison de la Vierge, construction baroque, à refends verticaux que M. Boulangier compare irrévérencieusement à des saucissons juxtaposés.

Rien ne peut donner idée du prodigieux entassement de ruines que présentent ces trois villes greffées l'une sur l'autre.

Pendant quatre heures, nous avons erré à l'aventure parmi ces amas de poussière, cherchant en vain à donner un âge à tous ces décombres. Le climat de l'Asie centrale momifie les monuments : dans un pays où il ne pleut jamais, l'argile pétrie se conserve indéfiniment et acquiert, en quelques années, un aspect qui déroute l'archéologue. Les remparts de Ghéok-Tépé n'ont pas vingt ans, et on les croirait contemporains de ceux de Merw qui étaient déjà vieux au temps d'Alexandre le Grand.

Merw est, en effet, une des plus anciennes villes du monde, contemporaine peut-être des premiers ouvrages de l'homme : un satrape y résidait quand Alexandre s'en empara ; plus tard, les Parthes y transportèrent dix mille prisonniers romains, puis vinrent les Arabes, les Turcs et les Mogols. Merw comptait alors, dit-on, 700.000 habitants ; Gengis-Khan les fit conduire en dehors de la ville, compter comme des bêtes introduites dans l'abattoir, et on les égorgea méthodiquement. Les Perses relevèrent Merw, mais, en 1795, l'Émir de Boukhara, Mourad ne pouvant s'emparer de la ville, fit crever les digues du Mourgab, et Merw périt par la soif. Quatre fois, la ville s'était relevée de ses ruines ; privée d'eau, elle fut anéantie à jamais ; aujourd'hui ce n'est plus qu'un cadavre : pas une âme, pas un mouvement, pas un bruit dans la solitude de ces interminables enceintes dont le périmètre, au dire de M. de Vogüé (1), est à peine inférieur à celui de Paris. Ces hautes tours, ces longues perspectives de remparts que le soleil brûlant de la vieille Asie éclaire d'une lueur brutale, n'abritent plus que des reptiles, des scorpions ou d'inoffensifs lézards, et ces ruines im-

(1) Vicomte DE VOGÜÉ, *Lettres d'Asie.*

menses, toutes grises, absolument désertes, ont une grandeur indicible, une tristesse qui serre le cœur.

Rentrés à l'auberge, nous accrochons un thermomètre sous un arbre de la cour, mais il n'est gradué que jusqu'à 65° centigrades, et il va éclater si nous ne l'enlevons au plus vite. — Dans la soirée, une véritable tempête s'élève, secouant les maisons et faisant voler le sable de toute part ; les chiens effrayés hurlent lugubrement, et la rafale nous envoie des lambeaux de la valse de *Faust*, jouée par la fanfare du bataillon des Chemins de fer, devant le casino des officiers. L'exécution était plutôt médiocre : à dix-sept cents lieues de la France, elle nous a fait cependant un réel plaisir.

XI

Boukhara.

Le désert de Kara-Koum. — Ensablement. — Une station. — Un écart de 110° centigrades. — Les Mamamouchis de Molière. — Étiquette de la cour de Boukhara. — Saïd-Abdoul-Akhad. — Le harem de « Sa Sainteté » l'Émir. — L'Oxus. — Chemin de fer et fidélité conjugale. — L'armée boukhare. — Races et costumes. — Os blancs et sang bleu. — Le Divanbeghi. — Un argumentateur public. — Les bassins sacrés et le *richta*. — La question des eaux. — Les Bazars. — Vie à bon marché. — Une mission scientifique. — Armuriers et chaudronniers. — L'horloge de l'Émir. — Les *Chiites* à Boukhara.

Aujourd'hui, il n'y a pas de train de voyageurs entre Merw et Boukhara, mais un train de marchandises doit passer ici à 4 heures du matin, et nous arriverons dans la nuit. La tempête continue, de gros nuages roulent au ciel, et même, chose extraordinaire, quelques gouttes d'eau commencent à tomber ; nous aurons presque froid, tout à l'heure, pour traverser les sables de Kara-Koum, région maudite qui passe pour la plus effrayante fournaise de l'Asie. — Tous les voyageurs s'accordent pour l'appeler un pays infernal, on y fait cuire un œuf au soleil, et les explorateurs qui ont traversé les déserts les plus fameux du globe déclarent n'en avoir jamais rencontré de comparable à celui-ci. Aujourd'hui, grâce au vent, la température est supportable, mais l'atmosphère est chargée d'une poussière impalpable, et, quand la tempête souffle sur cette mer desséchée, elle soulève des vagues de sable semblables aux flots de l'Océan. Chaque coup de vent change le modelé des dunes, et les pauvres chiens des sables qui pullulent dans cette région ont leurs terriers constamment bouleversés. Ce qui est plus grave, c'est que la ligne est à la merci d'un ouragan ; on a beau multiplier les plantations de *saxaouls*, l'intrépide arbuste ne suffit pas toujours à la protéger, et nous avons été arrêtés, durant une grande heure, à Karaoule-Kouyou, pendant qu'on déblayait la voie.

Karaoule-Kouyou est une de ces misérables petites stations, perdues en plein désert, où la discipline russe parvient à maintenir des hommes. Il n'existe certainement pas au monde un lieu de déportation comparable à ces postes privés d'eau, menacés à tout instant d'être ensevelis sous le sable, quand ils ne sont pas renversés par les tremblements de terre périodiques. Ici, le réservoir s'est enfoncé tout d'une pièce ; on aperçoit encore le sommet, émergeant des sables, comme un noyé, qui se débat contre la marée montante. En été, le thermomètre monte à 70° centigrades ; en hiver, il descend à 40° : nulle part au monde, je crois, on n'a constaté un écart aussi considérable.

A Tchardjoui, nous entrons en Boukharie : la gare est tout en émoi, la musique du 2e bataillon des chemins de fer forme le cercle sur le quai envahi par les domestiques de l'Émir. J'envoie Raschid aux renseignements : on prépare le départ de Sa Sainteté qui doit se mettre en voyage demain. — Les Boukhares ont un costume invraisemblable : un énorme turban blanc et une longue robe de soie à grands ramages, avec un soleil dans le dos ou une lune sur le ventre ; on se croirait au Carnaval, et on s'attend toujours à recevoir des confetti ou à voir voler les serpentins. Comment tenir son sérieux devant ces vénérables mamamouchis qui, pour vous faire honneur, se prennent le ventre à deux mains et simulent de violentes coliques ?

L'Émir est, en ce moment, en villégiature chez le *Beg* de Tchardjoui ; à la veille d'un départ, il ne peut accorder audience à des voyageurs assez brouillés avec le protocole pour avoir oublié leur habit ; et pourtant, venir à Boukhara sans voir l'Émir, c'est aller à Rome sans voir le Pape. Les déplacements de Sa Sainteté — je parle de celle de l'Émir — ne sont pas une petite affaire : jamais Elle ne voyage sans être escortée de son armée, ainsi le veut l'étiquette ; or, il n'existe pas de chemin dans le pays, et, si les voitures de la Cour, la cavalerie, l'infanterie même parviennent encore à s'en tirer, il n'en est pas de même de l'artillerie qui reste souvent en détresse, et retarde la marche de la colonne. Cette artillerie se compose de deux batteries de vieux canons en bronze, pièces massives, peu appropriées au service qu'on leur demande ; mais le protocole n'a pas à s'inquiéter de ces détails.

L'Émir Saïd-Abdoul-Akhad est un homme de trente-sept ans, très beau, un peu fort, le type bourbonien, dit-on. Son accueil est plein de dignité, et ses largesses sont proverbiales ; autrefois, tout étranger admis à l'honneur de contempler les traits de Sa Sainteté recevait, en sortant du palais, un présent proportionné à son rang : souvent c'étaient des chevaux richement harnachés, parfois des étoffes précieuses ou des armes de prix. Naturellement, on a exploité la générosité du souverain, et on cite un général, très bien en Cour, qui a fait une véritable fortune, en offrant à l'Émir des hommages trop fréquents pour être désintéressés. La première fois qu'un fonctionnaire russe, plus fier que ses prédécesseurs, renvoya les cadeaux du palais, cela fit scandale : l'étiquette était gravement atteinte, mais le trésor du prince y gagnait ce que la tradition perdait, et l'Émir a fini par trouver que le baron Vrevsky avait eu bien raison. L'Émir a, en effet, un budget assez lourd : son armée, sa maison, lui coûtent cher, et son harem, s'augmentant régulièrement chaque jour, finit par devenir une charge. De temps en temps, le souverain se débarrasse d'un certain nombre de ses femmes, en les donnant à ses grands officiers ; c'est ainsi que le *Beg* de Tchardjoui reçut, quelques jours après son mariage, un cadeau de quatre femmes dont l'arrivée dut lui sembler au moins intempestive, mais les *mollahs* ont rendu à Sa Sainteté un bien mauvais service, en consacrant la légitimité de ses caprices quotidiens. Aussi les Russes attendent-ils que le moment soit venu pour transformer leur protectorat en annexion ; ils ont déjà les postes et les chemins de fer, tiennent garnison à Tchardjoui et à Boukhara, et l'Émir peut compter les jours de la souveraineté nominale que le Tzar lui a laissée. — Son fils aîné, un beau grand jeune homme élevé à Petersbourg, est officier dans la Garde, et ses habitudes européennes s'accommoderaient mal du genre de vie qu'il serait contraint d'adopter s'il succédait à son père. Dernièrement, à Petersbourg, il dut, pour je ne sais quelle cérémonie officielle, quitter son uniforme pour endosser un somptueux *khalat*, tout brodé d'or : il en était tout honteux.

Nous n'avons aperçu de Tchardjoui que la montagne artificielle qui porte le palais du *Beg*, et se dresse seule au milieu de la plaine immense. C'est un travail colossal, et les esclaves persans, si mauvais soldats, font d'excellents terrassiers. Le train s'ébranle, la musique exécute un morceau de la *Mascotte*, en l'honneur des Français, et nous partons tout doucement, car on approche de l'antique Oxus que les indigènes appellent Amou-Daria, « le fleuve-mer ».

C'est une véritable mer, en effet, que ce fleuve géant qui descend du Pamir pour former la mer d'Aral, mais c'est un fantaisiste : tous les deux ou trois siècles, il change de direction, alimentant tantôt la mer d'Aral, et tantôt la Caspienne. En hiver, il gèle à supporter les caravanes ; en été, il abrite des tigres dans ses roseaux gigantesques. Le pont a 2 kilomètres et demi de long, c'est encore le pont provisoire inauguré par le général Annenkoff, le 18/30 septembre 1887 ; construit entièrement en bois, il craque sous le poids du train, mais, n'ayez crainte, on le surveille de près, il est défendu d'y fumer, une pompe à vapeur est toujours sous pression, et des seaux d'eau sont échelonnés d'un bout à l'autre du parcours. A gauche, le ciel et l'eau flamboient aux derniers rayons du couchant; à droite, le fleuve roule des flots sombres, et sa nappe immense se confond avec les nuages dans un orageux lointain. Deux canonnières, détachées de la flottille de la mer d'Aral, sont à l'ancre auprès du pont, et leurs grandes cheminées démodées, fraîchement peintes en blanc, jettent une note vive dans ce tableau d'une tonalité un peu grise, mais d'une grandeur impressionnante.

A minuit et demi, nous étions à Boukhara; la gare est tout près de la ville russe, qui possède un excellent hôtel, l'*Hôtel d'Orient,* dont les lits nous ont paru délicieux, après cinq nuits passées je ne sais comment. — La ville indigène est à douze verstes de la ville européenne; on en donne une explication qui ne manque pas d'originalité : l'Émir, voyant dans la proximité du chemin de fer un moyen facile, pour les femmes de Boukhara, de se soustraire à la puissance maritale, demanda que la gare fût à vingt verstes de sa capitale; les Russes estimèrent qu'une distance de douze verstes suffisait à sauvegarder la paix des foyers boukhariens (1). La route toute grise court entre des champs bien cultivés, nettoyés par d'innombrables corbeaux à pattes rouges. Ils pullulent tellement dans le pays, qu'on n'y trouve plus un insecte, et les gros vers à soie qu'on a essayé d'acclimater ont été dévorés jusqu'au dernier. La ville s'an-

(1) J. Leclercq, *l. c.*, p. 77.

nonce par des murs d'argile; une fontaine ombragée de vieux arbres semble placée là pour l'effet; un marchand de fumée offre son riche narghilé aux passants qui tirent trois bouffées, jettent une menue monnaie et passent leur chemin; enfin, un faisceau de vieux fusils signale un poste boukhare dont je cherche en vain la sentinelle. Les hommes de garde ont été se mettre à l'ombre de l'autre côté de la rue, ils se tiennent là en cercle, accroupis sur leurs talons, et complètement brouillés avec le Service des Places. Ce sont de robustes soldats, portant l'uniforme russe avec la culotte de peau teinte en rouge-jaune, comme toutes les troupes de la Transcaspie. Ils forment cinq bataillons à quatre compagnies, en tout 5,000 hommes d'excellente troupe, mais très mal commandée; beaucoup d'officiers sont d'anciens prisonniers persans auxquels on a donné le choix entre l'esclavage ou un grade dans l'armée. Le colonel Cochard (1) les a vus manœuvrer, et il assure cependant que leur éducation militaire témoigne d'un dressage pénible et attentif. Les commandements se font au clairon, et les mouvements sont exécutés avec une précision remarquable; pendant toute la durée de la manœuvre, la musique joue sans arrêter pour marquer le pas; mais la formation de faisceaux a, sans doute, été jugée trop difficile, car, pendant la pose, tout le monde s'assied, les fusils tenus verticalement, et on profite des repos pour distribuer quelques petites bastonnades.

A droite, un cimetière présente des tombes juxtaposées en alvéoles; les morts de qualité ont droit à une queue de cheval

(1) L. Cochard, *l. c.*, p. 92.

suspendue au bout d'une hampe. Plus loin, un rempart d'argile est percé d'une porte flanquée de deux corps de garde abandonnés, et un grand tam-tam, annonçant la fermeture des portes, se balance entre deux piliers. Tous les soirs, après la prière, on remet les clés de la ville chez le gouverneur, et la circulation est interdite pendant la nuit. On pourrait croire qu'il en est de même pendant le jour, dans ces ruelles étroites enfermées entre deux longs murs de boue, sans une porte, sans une fenêtre. De loin en loin, un passant disparaît à l'angle d'une rue, mais, peu à peu, la circulation devient plus active, et quand on débouche sur le marché, on tombe brusquement dans une cohue bruyante et bariolée. Les indigènes, coiffés d'un vaste turban blanc, vêtus de longues robes de chambre à fleurs invraisemblables, circulent en voiture, à cheval, à âne, mais rarement à pied : c'est mal porté. Il n'y a guère que les étrangers et les gens du commun pour se risquer dans cette foule aux couleurs éclatantes, où toutes les races de l'Asie sont représentées. Ouzbegs et Tadjicks, Sartes et Indous, Juifs et Afghans, Turcomans, Kirghis et Khiviens : depuis vingt ans, les Russes n'ont pas encore pu s'y retrouver.

Les Ouzbegs, croisés de Mogols, ont la prétention de descendre des nomades de la Horde d'Or; leur nom signifie « homme libre », et l'Émir appartient à leur race. — Les Tadjicks sont des Iraniens : très fins, distingués et intelligents, ils se sont laissé détrôner par les lourds Ouzbegs. — Les Sartes appartiennent également à la famille iranienne, ils forment la partie sédentaire et commerçante de la population; à leur coiffure, on voit s'ils sont ou non en état de grâce : sortent-ils de la mosquée? le bout du turban dénoué tombe sur l'épaule, mais, avant de traiter une affaire, ils auront soin de le relever. — Les Indous sont marqués au front d'une petite flamme bleue tatouée entre les deux yeux; ils passent pour être quelque peu usuriers, tout comme les Juifs, reconnaissables aux longues mèches de cheveux qui encadrent leur visage. — Toujours humbles et complaisants, les Juifs de Boukhara sont dans le pays de toute éternité, depuis la captivité de Babylone, peut-être, car leur Bible ne contient pas les Livres d'Esdras ajoutés au ve siècle avant Jésus-Christ. Mal vus du reste de la population, sans doute parce qu'ils ont beaucoup d'argent, il leur est défendu de porter de la soie, de monter à cheval, et ils doivent toujours avoir les reins ceints d'une corde. — Quelques Turcomans-Tékkés aux mains fines, aux pieds de cavalier que la marche n'a point élargis, se sont égarés sur la rive droite de l'Oxus, et promènent ici leur haute taille, leur mine farouche et leur bonnet à poil. — Les Khiviens et les orgueilleux Kirghis campent sur les places comme s'ils étaient au milieu du désert, et ces fiers guerriers ne dissimulent pas leur mépris pour les marchands de la ville. Le prince Gagarine nous avait fait escorter par un *djiguite* de la légation, kirghis à calotte brodée recouverte d'un chapeau Louis XI; il fallait voir avec quelle hauteur il traitait les Sartes, Juifs ou Indous. Les Kirghis, en effet, élisent leurs chefs, et ils ont tous la prétention d'être nobles; les enfants mêmes connaissent sur le bout du doigt leur généalogie jusqu'à la septième génération, et ils ne sont pas médiocrement fiers de leurs « os blancs », le pendant de notre « sang bleu. »

La ruelle débouche sur le Divanbeghi, grande place ombragée de vieux ormes noueux dont les branches baignent dans l'eau glauque d'un vaste bassin; autour sont groupées des boutiques couvertes de feuillages, des étalages improvisés sous des tentes aux couleurs vives; on y parle toutes les langues, on y voit tous les costumes, et le grand soleil distribue libéralement la lumière et les ombres sur cette foule remuante et magnifiquement bariolée. Les femmes sont rares, toutes ont le visage sévèrement caché sous un voile de crin noir, et, quand elles rencontrent un infidèle, elles tournent la tête contre la muraille : à en juger par leur tournure, je crois que nous n'y perdons pas grand'chose.

Dans un coin d'ombre, les curieux sont assis en cercle autour d'un orateur, un petit vieux à la voix enrouée et aux yeux pétillants de malice, argumentant contre un comparse qui se borne à pousser de temps en temps un : *Iok!* énergique. Il aborde, paraît-il, les sujets les plus ardus de la religion, de la métaphysique et de la psychologie, se lance dans des subtilités d'école, et tient l'auditoire sous le charme de sa dialectique.

— Voyez, nous dit M. Ed. Blanc, voyez donc ces marchands; tout à l'heure ils discuteront à perte de vue un bénéfice final de cinq ou six sous et vous les voyez rester sourds à l'appel d'étrangers cousus de roubles, pour écouter avec ravissement les paradoxes les plus abstraits.

C'est un raffinement intellectuel qui n'est pas encore à la portée de nos commerçants les plus notables, et le spectacle est imprévu pour le voyageur qui s'attend à trouver, à Boukhara, les brutes sanguinaires décrites par Vambéry. En somme, on peut se demander, avec M. Blanc, si l'idée que nous nous faisons de la prétendue barbarie de ces régions n'est pas erronée; la misère y est inconnue, les indigènes sont bien vêtus et d'une propreté qui devrait faire rougir leurs vainqueurs. L'instruction est très répandue dans toute l'Asie centrale, et Boukhara, avec ses cent *médressés* et ses mille écoles élémentaires, est fameux dans le monde oriental comme centre intellectuel. Lorsque Mahomet fut enlevé au ciel, il vit la lumière descendre d'en haut sur le reste de la terre, tandis qu'elle montait de Boukhara. Dans les *médressés*, les étudiants apprennent à commenter le Coran et à épiloguer sur des questions de casuistique : ce sont les grands séminaires musulmans, seulement il faut vingt années d'études pour devenir iman. L'instruction publique est étroitement liée à la religion, et l'on compte trois cent soixante mosquées dans cette ville sainte, la Rome de l'Islam, où la haine du chrétien est encore assez vive pour qu'il soit imprudent d'entrer dans une mosquée. Que Boukhara veuille dire « foyer des sciences » ou qu'il signifie » cité des temples », on voit qu'il est encore digne de ces deux noms.

La ville est parsemée de bassins sacrés, ombragés de grands arbres et entourés de marches permettant aux fidèles de descendre dans l'eau pour faire leurs ablutions ; la plupart de ces bassins sont d'un pittoresque achevé, mais on devine le foyer d'infection qu'ils forment dans une ville sans égout et sans rivière. Aussi le *richta* prospère-t-il dans des proportions qui commencent à devenir inquiétantes.

On ne peut parler de Boukhara sans faire mention de ce ver

sous-cutané, la *filaire* de nos Facultés, dont M. Blanc a essayé de rapporter en France quelques échantillons. Après une période d'incubation variant de neuf à onze mois, il se forme un abcès d'où sort un ver, semblable à un fil blanc qui aurait un mètre de long ; l'extraction est assez difficile, il faut enrouler le ver sur une bobine, sans le rompre, et certains barbiers boukhares sont devenus fort adroits dans cette opération dont le docteur Penziakow s'est fait également une spécialité. Un cinquième de la population est atteint du mal sarte, et le même individu peut porter en lui vingt ou trente *richtas ;* aussi les Européens s'entourent-ils de précautions minutieuses. Pour la toilette, on ne se sert que d'eau bouillie ; non seulement on ne boit jamais d'eau, mais on n'ose manger un fruit, car les indigènes ont l'habitude de laver ceux qu'ils récoltent. Quand on a soif, on suce une tranche de melon, de ce fameux melon qui passe pour le meilleur du monde et que l'on expédie jusqu'à Pékin ; un gourmet russe a écrit qu'à lui seul le melon de Boukhara valait la conquête.

Malheureusement, le Zérafchane est insuffisant pour alimenter à la fois deux grandes capitales ; Samarkande coupe l'eau à Boukhara, et celle-ci meurt de soif. Le nord de la Boukharie, qui est aujourd'hui un désert, était autrefois si peuplé qu'un chat, dit la légende, pouvait aller de Taschkent à Khiva sans quitter les toits des maisons. A force de saigner le malheureux Zérafchane tout le long de son cours, il est complètement à sec quand il arrive à Boukhara. Une fois l'an, à la fonte des neiges, le lit du fleuve s'emplit ; c'est alors une joie par toute la ville, les habitants ne s'abordent plus sans se dire :

— Vous savez, l'eau est arrivée !

Les citernes regorgent, les puits s'emplissent, les bassins débordent, et les *richtas* eux-mêmes ne sont pas fâchés de changer d'eau. — Le lendemain, le flot est passé, et Boukhara en a pour un an ; aussi les sables avancent-ils, déjà ils commencent à empiéter sur l'oasis, et la sinistre prophétie annonçant que Boukhara périra enseveli pourrait bien avoir raison, si les Russes n'y apportent remède. Merw, Khodja-Oba, Baïkound, toutes ces grandes cités mortes qui jonchent le sol de l'Asie, étaient jadis aussi vivantes qu'est aujoud'hui le bazar de Boukhara.

Les voyageurs assurent qu'il laisse bien loin derrière lui ceux de Tunis, du Caire, de Constantinople et de Damas, mais, avant d'y pénétrer, il faut passer chez le changeur. Le rouble a cours chez les Boukhares qui ont pour monnaies divisionnaires le *tenghé* d'argent et le *poul* de cuivre ; le rouble vaut 6 *tengha* 72, et le *tenghé* vaut 64 *pouls*, mais, comme le billet de 100 roubles se change contre 135 billets d'un rouble, en prenant le rouble à 2 francs 70, le *tenghé* ressort à 30 centimes et le *poul* à un demi-centime environ. Or, tout article de consommation coûte un *poul :* petit pain ou brochette de mouton, tranche de melon, grappe de raisin ou sucrerie, tout est au même prix. Le Boukhare, déjeunant somptueusement pour un sou, a donc résolu le problème de l'alimentation à bon marché ; pour un demi-centime, le rôtisseur lui sert une excellente brochette de mouton, et je vous recommande tout particulièrement les *kouli-kiabab* des cuisiniers persans ; seulement il faut manger à la mode du pays, c'est-à-dire avec ses doigts, et puis ayez soin de vérifier toutes les pièces que l'on vous rend, car le proverbe recommande d'avoir « l'œil ouvert comme un changeur de Boukhara ».

Passons au pied du minaret de Mira-Arab, long cierge agrémenté de jolis détails ; on y faisait monter jadis les condamnés à mort, et on les précipitait sur la place. Jusqu'en 1886, ce mode d'exécution fonctionna à la satisfaction générale, mais, à cette époque, les Russes trouvèrent le procédé primitif, salissant, et ils invitèrent l'Émir à en adopter un autre. Engageons-nous dans cette ruelle, en évitant le contact des lépreux livides qui tendent la main, et voici le bazar. — Imaginez une ville entière aux rues couvertes, étroites, éclairées seulement par un jour discret tombant des coupoles ; alignez des boutiques basses recélant dans de mystérieux recoins des trésors de vieilleries ; placez maintenant dans ce cadre une foule grouillante de gens, de bêtes et de voitures s'entrecroisant dans un brouhaha continu que domine le cri répété des âniers. — Un sarte se promène, le faucon sur le poing ; un arroseur public asperge les passants en balançant une outre pleine d'eau, et, de loin en loin, un rayon de soleil, filtrant par une ouverture de la voûte, traverse la rue dans une traînée d'or et plaque une tache lumineuse sur la teinte grise des murailles. Des cris effrayants retentissent, c'est une bande de derviches hurleurs, mendiants nomades, au regard un peu fou, parcourant l'Asie, bourdon en main et besace au dos. Une cavalcade approche : en tête, monté sur un superbe cheval, vient un grand seigneur au turban immaculé, à la robe de soie d'un bleu éclatant ; son harem le suit dans de longues voitures ouvertes : malgré les cavaliers eunuques qui les escortent, ces dames entrouvrent leur voile pour jeter un regard dérobé sur les casquettes blanches qui éveillent leur curiosité. Mais prenez garde, effacez-vous vite le long du mur, une caravane de chameaux avance, barrant toute la rue, bousculant les chevaux et menaçant d'écraser les piétons.

Nos tristes vestons font seuls tache au milieu de cette foule aux couleurs éclatantes ; pardon, voici deux Européens, deux Français sans doute, car l'un porte fièrement à sa boutonnière le ruban d'officier d'académie. Renseignement pris, c'est un médecin voyageant aux frais des contribuables, sous prétexte d'étudier le régime pénitenciaire de la Boukharie. Or l'organisation des prisons boukhares était, jusqu'à ces dernières années, d'une simplicité tout à fait charmante : l'Emir avait fait creuser, auprès du Mira-Arab, un puits d'une dizaine de mètres, éclairé par un regard s'ouvrant dans le sol de la rue ; on descendait les gens dans cette oubliette, on fermait la grille du soupirail et on ne s'occupait plus d'eux. Quand ils avaient trop faim, ils criaient, et les passants charitables leur jetaient parfois un morceau de pain ou une tranche de melon. Ce cachot infecte portait un nom très suggestif, on l'appelait la fosse aux punaises et il a inspiré à Vereschaguine un de ses meilleurs tableaux. En 1886, les Russes ont fait murer le soupirail et fermer la fosse ; les délégués n'ont même plus la ressource d'admirer l'ingénieuse organisation des anciennes prisons boukhares, et les Russes accueillent plus que froidement les joyeux fumistes envoyés par la France, avec ces missions de haute fantaisie.

Nous avons passé bien des heures au carrefour des libraires, marchandant un précieux manuscrit koufique, des contes persans étrangement illustrés, ou un coran enrichi de miniatures brillantes. L'entretien débute toujours par des *Ah! Ah!* gutturaux, suivis de quelques *Salam Aleik!* avec contorsion de ventre et frottement de barbe; puis l'acheteur s'assied à la turque sur la pierre usée servant de comptoir, et alors commence une longue dissertation qui se termine généralement par une forte diminution sur les prix demandés. Nos stations les plus longues ont encore été au bazar des armuriers; on y trouve des cottes de mailles et des fusils à fourche contemporains de Tamerlan; de précieuses lames de tungstène coupant l'acier, et des *kindjals* damassés ou damasquinés d'or. Dans le quartier, on finissait par nous connaître, et je garde le souvenir du vieil armurier afghan, aux grands yeux bleus singulièrement limpides, qui nous fit ses adieux en nous montrant le ciel. On trouve ici de magnifiques aiguières ciselées dans le style persan, des vases en bronze réservés aux ablutions rituelles et des narghilés enrichis de pierreries; les pierres, du reste, ont peu de valeur à Boukhara, et certain grand joailler de la rue de la Paix n'a pas regretté, dit-on, d'être venu jusqu'ici.

Pourtant, la ville n'a pas un monument, ses mosquées, ses médressés ne s'ouvrent pas devant les visiteurs, et le palais de l'Émir qui trône, depuis mille ans, sur une colline artificielle, est surtout célèbre par son horloge. Elle fut construite, vers 1860, par un esclave italien dont elle racheta la vie, mais, depuis longtemps, elle ne marche plus; en 1890, elle marquait encore onze heures trois quarts; aujourd'hui, elle ne marque plus rien du tout : les aiguilles sont tombées.

Boukhara m'a beaucoup plu, c'est bien la cité « moult noble

et grante » que Marco Polo visitait il y a plus de six siècles ; elle a gardé des traditions d'hospitalité que la légation russe tient à honneur de conserver, et une couleur locale que l'influence européenne, reléguée à 12 kilomètres de la ville, n'a pas encore entamée. Ainsi, les Persans chiites célèbrent ici l'horrible fête de Hassan et Hossein avec des raffinements de barbarie plus atroces qu'à Bakou. Les fanatiques se frappent eux-mêmes le front avec le tranchant d'un *kindjal,* d'autres entourent leur crâne rasé de chevilles de bois enfoncées dans les chairs, d'autres enfin se serrent les épaules entre deux lames que chaque mouvement fait pénétrer dans la peau ou s'accrochent à vif, sur la poitrine ou dans les joues, des amulettes suspendues à des hameçons. Le sang ruisselle sur les visages, inonde les vêtements et dégoutte jusqu'à terre. Le plus curieux, c'est que, après s'être ainsi mutilés, les Chiites reçoivent de leurs *mollahs* un onguent merveilleux qui cicatrise les plaies en quelques heures. Le prince Gagarine m'a raconté que le général Annenkow employait un grand nombre de terrassiers chiites pour la construction du Transcaspien ; le jour de la fête, ils quittaient le chantier pour prendre part à la procession, se faisaient remarquer par leur ardeur à se taillader le corps, et, le lendemain, ils étaient au travail : une légère ligne rose marquait à peine la place des larges blessures qu'ils s'étaient faites la veille. Voilà une fortune à faire pour un Géraudel !

XII

SAMARKANDE

Saint Louis et les Tatars. — Les Nestoriens de Samarkande. — Un escadron scolaire. — La fièvre. — Madame Metzler. — Le Réghistan. — Les *médréssés* émaillées. — L'ouvrage d'or. — *Five o'clock* chez un *mollah*. — La Sultane Biby. — Les sept mosquées du Roi vivant. — Légende de Kassim-ben-Abbas. — Mésaventures d'un curieux. — Pour dix roubles. — L'antique Maracanda. — La Reine de Saba, Alexandre et Clitus. — Le miracle du tombeau de Daniar. — Emaux à champ levé. — Voleur volé. — Tombeau de Tamerlan. — Un penseur féroce. — Le siège de Samarkande. — Le trône de Tamerlan et le Génie militaire. — Le quartier de la Porte Rouge. — Un office de *diwanas*. — Fête de nuit chez le *kazi* indigène. — Les petits *batchas*. — Le péril asiatique. — Retour à Tiflis.

Marco Polo raconte que, de son temps, Samarkande était « une grandisme cité et noble, où les gens sont crestiens et sarrazins. » Les premiers y possédaient une église où le grand voyageur vit un pilier miraculeusement suspendu dans le vide; aujourd'hui, en dehors de la colonie russe, on ne trouverait pas un chrétien, dans ces régions lointaines que les premiers apôtres ont évangélisées. Au XIIIe siècle cependant, il existait des relations suivies entre l'Occident et le Grand Khan des Tatars; saint Louis lui avait envoyé le cordelier Rubruquis, et il avait même songé à fonder une chaire de langue mogole à la Sorbonne. Les Mogols, ne pratiquant pas de religion bien déterminée, ne montraient aucune répugnance à embrasser le christianisme,

SAMARKANDE. - MÉDRÉSSÉ DE CHIR-DAR

SAMARKANDE. - DERVICHES HURLEURS

Phototypes de M. V. Riston.

Photocollographie J. Royer, Nancy.

et saint Louis avait eu la pensée de s'allier avec leur chef pour anéantir l'Islam. Malheureusement, les chrétiens de l'Asie centrale étaient Nestoriens, et l'entente ne put se faire. Si saint Louis eût été plus diplomate, ou plutôt si le pontife qui occupait alors la chaire de saint Pierre se fût appelé Léon XIII, le croissant eût peut-être été écrasé, et la croix régnerait aujourd'hui à Jérusalem et à Constantinople, à Boukhara et à Samarkande.

En partant de Boukhara dans la soirée, on arrive à Samarkande le lendemain matin : c'est une promenade, où on longe le Sogd des anciens. Toujours digne d'être appelé « le distributeur d'or », le Zérafchane fertilise les sables qu'il traverse, et transforme le désert en jardin. La gare est reliée à la ville par une large avenue de six kilomètres ; de chaque côté, quatre rangs de peupliers, serrés l'un contre l'autre, baignent leurs racines dans l'eau courante, et cachent sous leurs ombrages les maisons basses de la ville russe, perdues dans la verdure. Ces immenses avenues, tracées sur un plan gigantesque, sont désertes, solennelles, silencieuses, et elles allongent tellement les distances, qu'à Samarkande, on ne peut aller à pied. Les indigènes montent à cheval ou à âne, les européens vont en voiture, et en entrant en ville, nous rencontrons un joyeux escadron, cavalcadant, sac au dos : ce sont des collégiens se rendant en classe. Un arrosage continu entretient la fraîcheur dans ces avenues ombragées, mais, comme le fait très justement observer M. Ed. Blanc (1), le sol poudreux et poreux des villes d'Orient n'est

(1) Ed. Blanc, *Notes de voyage en Asie centrale. — A travers la Transoxiane.* (*Revue des Deux Mondes*, 1895, I. p. 908).

relativement stérilisé, au point de vue épidémique, qu'à la condition d'être calciné par la sécheresse, et les fièvres règnent en permanence à Samarkande, malgré l'effrayante consommation de quinine que font les Russes.

La voiture s'arrête devant une jolie maison, nous traversons le ruisseau, et nous voici à l'*Hôtel Metzler*. Feu Metzler était un honnête belge qui rendit son âme à Dieu, il y a quelques années, laissant une veuve éplorée qui continue aujourd'hui son commerce, avec l'aide d'un premier garçon, un grand sarte répondant au nom de Mourad. Mme Metzler se dit alsacienne, c'est une jeune et charmante femme, spirituelle, aimable, et j'imagine qu'elle n'a pas dit son dernier mot. — Vous désirez une voiture? ouvrez la fenêtre et criez : *Isvotchik!* A l'instant même dix voitures accourent de tous les points de l'horizon, semblables à des corbeaux se précipitant sur une proie longuement attendue, et, comme la ville indigène n'est qu'à une verste de l'autre, en quelques minutes, vous serez au Réghistan.

On a tellement vanté l'immensité de cette place célèbre et les dimensions colossales de ses monuments, que je m'attendais à trouver des constructions babyloniennes, quelque chose d'invraisemblable. En réalité, les édifices du Réghistan n'ont pas la masse qui écrase mais la couleur qui éblouit, et l'on est plus séduit par l'incomparable éclat des émaux que frappé de la savante harmonie des proportions. Le Réghistan est bordé sur trois côtés par des *médréssés* recouvertes de carreaux vernissés, et une ogive béante fait un trou d'ombre dans leur façade ensoleillée. Les architectes persans, ces grands artistes de l'Asie centrale, n'ayant à leur disposition que la brique, ont appelé la couleur à leur aide, et ils ont revêtu les murailles de mosaïques aussi brillantes que le jour où elles sont sorties du four de l'émailleur. Cette cuirasse éblouissante donne aux monuments de Samarkande un aspect unique au monde.

La *médréssé* de gauche, vieille de quatre siècles, s'encadre entre deux minarets corsetés d'azur, mais penchants d'une manière inquiétante, et, pendant que les archéologues discutent pour savoir si leur divergence symétrique est due à l'erreur d'un architecte ou aux secousses des tremblements de terre, l'édifice entier scintille, et le soleil, accrochant une lumière à chaque relief, semble illuminer comme pour une fête les moulures torses soulignant l'ogive du portail. — A droite, la *médréssé* de Chir-Dar montre ses deux lions persans, rappelant ceux des églises caucasiennes, et son parvis sert de refuge aux philosophes ambulants, marchands, mendiants et loueurs de pipes. Un agent de police indigène a reconnu le prince Gagarine, il se précipite, la courbache haute, et, en un instant, les abords de l'édifice sont complètement dégagés. Chir-Dar n'a pas trois siècles; sa vaste cour montre des panneaux entiers de mosaïque gros-bleu à dessins jaunes, admirablement conservée, et soixante-quatre cellules offrent encore l'hospitalité à un nombre double d'étudiants. Ils sont en vacances sans doute, car les salles sont vides, la cour est déserte, des ouvriers réparent un moucharabi, et c'est à peine si un *mollah* passe sans bruit sous le cloître de cette université silencieuse, la plus belle certainement de toutes les universités du monde. — Au fond, Tilla-Kari abrite sa cour immense derrière la carapace dorée qui lui a valu son nom ; un invisible *mollah* psalmodie

BIBLIOTHÈQUE NATIONALE RF IMPRIMÉS

tristement des versets du Coran dans la solitude d'une mosquée déserte, tandis qu'un professeur entre, suivi de son élève. Ils portent tous les deux le même costume, on les dirait du même âge ; côte à côte, ils prennent place sur des nattes, dans l'enfoncement d'une ogive aux émaux brillants ; au-dessus de leurs têtes, un moucharabi déploie sa dentelle blanche, et l'étudiant barbu commence à réciter sa leçon, avec la docilité d'un bon élève de sixième. En descendant de la galerie qui court au-dessus du portail et offre une excellente vue d'ensemble sur le Réghistan, nous entrons chez un des professeurs de la *médréssé*, le *mollah* Abdoul-Saïd-Makhsoum : le digne homme est accroupi sur une sorte d'estrade, au milieu de ses livres ; la cellule est d'une simplicité monastique, cependant quelques tapis, une étagère dorée et un beau miroir persan témoignent des goûts artistiques de notre hôte. En Orient, il est d'usage d'offrir une collation à ses visiteurs, ce *five o' clock* s'appelle un *dastarkhan* : une tranche de melon vert exquis et quelques pistaches confites, tel fut le menu de Abdoul-Saïd-Makhsoum. Brave *mollah !* tu nous l'offris de bon cœur, Allah te le rende au centuple !

En vain les Russes ont fermé les brèches et coulé du plâtre dans les fissures, les splendides façades du Réghistan, merveilleuses de loin, sont misérables de près : tout l'Orient en est là. — A Biby-Kanéh, c'est encore pis ; le dôme splendide, dont le bleu turquoise s'harmonise si bien avec la teinte du ciel, va s'écrouler au premier tremblement de terre. Les architectes n'osent l'étançonner, tant il est crevassé, ébréché, chancelant ; mais rassurez-vous si quelque chose remue là-haut, ce n'est pas encore la voûte qui s'effondre, c'est une colombe qui prend son vol, car tout est poétique dans cette mosquée construite pour les beaux yeux d'une sultane. Afin que le monument répondît à la grandeur de l'amour qui l'inspirait, Tamerlan voulut qu'il surpassât tous les autres, et aucun architecte n'a encore fait plus grand, pas même Michel-Ange à Saint-Pierre de Rome. Aujourd'hui, les arbres ont poussé dans la nef, le dôme tombe en morceaux, et des pans entiers de mosaïque, complétement déchaussés, pendent tristement aux murailles (1). Seuls, le portail aux ciselures de marbre, et le lutrin géant qui portait un Coran de deux mètres carrés résistent depuis cinq siècles aux injures du temps et aux profanations des hommes.

A une demi-lieue de la ville, à l'extrémité d'une vaste place où les chameaux stationnent en longues files, les jours de marché, sept mosquées sont réunies dans la même enceinte. Leurs dômes étincelants, émaillés de ce bleu turquoise idéal dont le secret paraît à jamais perdu, portent les traces trop apparentes de réparations trop consciencieuses. Les architectes russes, n'ayant pas encore pu trouver la teinte exacte des émaux, ne les ont pas remplacés, et de grandes taches blanches appliquent leur lèpre livide sur l'azur exquis des coupoles. Les sept mosquées prennent entrée sur un long couloir, montant entre deux murailles émaillées. Ici, les artistes ne se sont pas contentés de décorer la fayence, ils l'ont modelée et leurs émaux percés à jour font courir leurs fines broderies autour des ogives, dans l'encadrement des portes, et le long des corniches. Toutes ces

(1) Une lettre de Samarkande m'apprend que la coupole et les mosaïques de la façade de Biby-Kanèh viennent de s'écrouler.

guirlandes, exécutées avec une habileté surprenante, rehaussées de couleurs brillantes, se détachent complètement, et semblent ne pas tenir aux murs : c'est un travail précieux dont on ne trouve le pendant qu'à Djanikent. — Quelques-unes des sept mosquées de Chah-Sindéh présentent une ornementation en stalactites qui est certainement ce que l'art persan a produit de plus merveilleux. Dans la dernière, un *mollah* nous montre, auprès d'un Coran mesurant deux mètres de haut, la grille fermant le puits sacré où la légende assure qu'un saint vit depuis des siècles.

Kassim-ben-Abbas avait obtenu d'Allah la grâce de ne pas mourir, mais, fatigué de la vie, et déjà vieux de plusieurs siècles, il s'ensevelit dans un puits pour y prier, loin des hommes.

Des incrédules osèrent pénétrer dans le puits mystérieux : aucun d'eux ne reparut ; enfin, un croyant, plus avisé que les autres, se fit descendre, la tête en bas, par respect pour le saint. Parvenu au fond du puits, il aperçut Kassim en prière :

— Pourquoi viens-tu troubler ma solitude? lui dit le saint. Si tu veux revoir la lumière, jure-moi de ne jamais révéler à aucun être humain ce que tu viens de voir. Si tu parles, tu deviendras muet, toi et tous tes descendants, jusqu'à la huitième génération.

Le pauvre homme jura tout ce que Kassim voulut, mais Tamerlan, ayant eu connaissance de son aventure, le fit venir et le menaça de lui faire trancher la tête, s'il ne lui livrait son secret. Entre la perspective d'être décapité sur le champ ou la crainte de devenir muet, même jusqu'à la huitième génération, il n'y avait pas à hésiter. Notre homme trahit son serment, sentit immédiatement sa langue se paralyser, et Tamerlan, frappé d'épouvante, fit élever ce tombeau expiatoire qu'il appela Chah-Sindéh, « le Roi vivant ». Au fond du puits obscur creusé derrière cette grille que nul mortel ne peut ouvrir, Kassim est toujours là, dit-on, veillant et priant, jusqu'au jour où il apparaîtra de nouveau pour prêcher la guerre sainte.

Le poisson figuré sur la grille rappelle un autre miracle : un jour, poursuivi par ses ennemis, Kassim fut arrêté par un fleuve, et il serait tombé entre les mains des infidèles si Dieu ne l'avait, pour quelques instants, transformé en poisson. — Près de la grille, une admirable porte, délicatement sculptée dans un style presque gothique, a été sur le point de prendre place dans la galerie d'un prince ami des arts ; mais quand les *mollahs* apprirent le marché conclu par l'un d'eux, ils administrèrent cent coups de bâton à leur confrère, et le prince reprit les dix roubles qui devaient payer le chef-d'œuvre.

Chah-Sindéh est construit sur les pentes d'Afrousiab, près de l'antique Maracanda qui est aujourd'hui un cimetière, et la commission impériale d'archéologie y fait exécuter des fouilles qui, jusqu'à présent, ont donné plus de scorpions que d'antiquités. Cependant, par sa situation sur le globe, au pied du « toit du monde », Samarkande a été forcément le berceau de l'humanité et le centre des plus vieilles civilisations de l'ancien monde. — C'est dans la région de Boukhara et de Samarkande, dans ces deux villes mêmes qui, déjà, existaient peut-être à cette époque, que l'empereur chinois, Mou-Wang, se rendit au xe siècle avant notre ère, pour chercher les traditions de la science primitive à la cour de la « Mère du roi occidental », et on s'est demandé si cette princesse n'était pas la préhistorique reine de Saba (1). C'est à Samarkande qu'Alexandre tue son ami Clitus; Seleucus Nicator fait de la ville la capitale de la Sogdiane, puis arrivent successivement les Chinois, les Arabes, les Turcs et enfin la terrible invasion des Gengis-Khan. Après un long siège, Samarkande succombe, et le vainqueur égorge 80.000 de ses défenseurs; mais la ville se relève avec Tamerlan qui en fait un centre intellectuel dont le Réghistan présente le fastueux témoignage.

De l'autre côté de Maracanda, à 4 kilomètres de la ville, s'étend un plateau dénudé, sablonneux et profondément raviné, qui descend en pente raide sur le Zérafchane. Nous y avons visité le tombeau de Daniar, que l'on prend pour le prophète Daniel; la petite mosquée n'offre pas d'intérêt, mais la légende assure que le tombeau s'allonge tous les ans avec le corps du saint qu'il renferme. De temps en temps, les *mollahs* ajoutent quelques pierres, donnent une couche de chaux, et le miracle est fait. En 1890, M. Leclercq a mesuré le tombeau de Daniar, il avait 20 mètres de long; en 1891, M. Ed. Blanc lui a trouvé 24 mètres, et le 6/18 septembre 1895, nous n'en avons compté que 18. — En descendant au bord du torrent par un escalier taillé dans le sable, on arrive aux vieux moulins dont le mécanisme primitif est extrêmement ingénieux, et les paysagistes auront, au retour, une admirable vue sur Samarkande. A travers un voile de poussière dorée, l'antique métropole de l'Asie

(1) Ed. Blanc, *Notes de voyage en Asie centrale. — Samarkande.* (*Revue des Deux Mondes*, 1893, I, p. 809, 838.)

centrale brille comme dans une gloire, le soleil fait scintiller les coupoles d'émail, et les admirables montagnes du Kohistan ferment le paysage, en dressant à 6.000 mètres d'altitude leurs sommets inaccessibles.

A l'extrémité opposée de Samarkande, s'élève, au milieu des jardins, la *médréssé* et la mosquée de Khodja-Akhar-Vali. La *médréssé*, précédée d'une pièce d'eau ombragée, ferait envie à tous les lycées de France; quant à la mosquée, aujourd'hui en ruines, j'y ai vu les plus curieuses fayences de tout Samarkande : ce sont de véritables émaux à champ levé dessinant un gigantesque damier, et l'imagination reste confondue en présence d'un pareil travail. Khodja-Akhar-Vali possédait un Coran fameux, écrit en caractères koufiques, par le kalife Othman, sous la dictée de Mahomet; il mesurait plus d'un mètre carré, et les Sunnites le tenaient en grande vénération, car il était taché du sang même d'Othman qui le portait devant sa poitrine quand les Chiites le massacrèrent. Un juif allemand a dérobé naguère cette précieuse relique pour l'envoyer à Pétersbourg, mais son ambition a été déçue, et sa boutonnière est toujours veuve du ruban de Saint-Wladimir.

Non loin de là, le Gour-Emir, le plus célèbre peut-être de tous les monuments de Samarkande, abrite les restes de Tamerlan. C'est une construction carrée, surmontée d'une coupole gaufrée, revêtue de ce splendide émail bleu turquoise qui a résisté aux siècles, et caractérise décidément la décoration architecturale de la ville. Une longue inscription koufique court autour de la frise, enchevêtre à plaisir ses caractères compliqués, semblables à d'élégantes arabesques, et transforme ainsi la muraille en une page immense où les sentences philosophiques s'alignent auprès des commandements du prophète. — Le professeur Veslosky, accompagné d'élèves de l'école des Beaux-Arts de Pétersbourg, relève avec soin toutes ces mosaïques, mais les architectes ont tant bien que mal réparé le dôme, dont ils n'ont pas su saisir le galbe élégant. A l'intérieur, les murs sont lambrissés en jaspe, ciselés aussi délicatement que les pendentifs de l'Alhambra, mais les dentelles que les Maures ont moulé dans le stuc, les Persans les ont taillées dans la pierre dure. Neuf sarcophages marquent, dans la chapelle supérieure, les places que les tombeaux occupent dans la crypte, et la queue de cheval, étendard du conquérant, fait reconnaître son cénotaphe recouvert par une table de jade d'une valeur inestimable. On sait que le jade ne se trouve qu'à l'état de blocs épars et de petites dimensions : c'est la pierre magique qui écarte les esprits malfaisants, et ses propriétés occultes la font rechercher de tous les Asiatiques qui la payent un prix fou.

— Remarquez bien, nous dit M. Ed. Blanc, les dimensions de ces trois pierres. Elles constituent une curiosité minéralogique de premier ordre, alors même qu'elles ne seraient pas en vrai jade, car je les soupçonne d'appartenir à une roche plutonique de la famille des diallagiques.

Pour un rouble, un *mollah* nous a introduit dans la crypte où, du temps de Vambéry, les croyants eux-mêmes ne pénétraient qu'à grand' peine ; sombre, austère, elle contraste par sa simplicité avec la richesse d'ornementation de la chapelle supérieure : ainsi l'a ordonné Tamerlan. Le terrible guerrier qui voulut être enterré humblement aux pieds de son professeur de philosophie, Saïd-Mir-Barakhat, est-il bien l'homme sinistre dont l'histoire rapporte les atrocités? A Dehli, il fit couper cent mille têtes en un jour; à Bagdad, il fit égorger cent cinquante mille captifs, donna une naumachie dans leur sang, et, avec leurs têtes, éleva une pyramide au Dieu de la Victoire. Jamais il ne construisit une ville, sans faire jeter dans les fondations une couche de vivants et de morts, enterrés pêle-mêle sous le mortier et les pierres. Ses atrocités ont tellement dépassé celles d'Attila et de Gengis-Khan que, cinq siècles après sa mort, son nom épouvante encore les peuples.

Son épitaphe est une dernière menace : « Si je vivais, dit-il, le monde tremblerait ». — Il devait être convaincu de la divinité de sa mission ce terrible penseur

Qui donnait à boire aux épées
Et qui, rêveur mystérieux,
Assis sur des têtes coupées,
Contemplait la beauté des cieux.

A quelle effroyable conception philosophique répondaient ces hécatombes humaines? On peut le demander quand on voit Tamerlan protéger les arts, honorer les savants, s'occuper lui-même de science et travailler l'astronomie où son petit-fils, Ouloug-Beg, devait rendre célèbre son immense érudition, en composant le premier catalogue astronomique connu. A une époque où il est de mode de réhabiliter toutes les monstruosités, il y aurait là matière à une jolie étude.

La citadelle, séparée de la ville indigène par un profond ravin, est une ancienne forteresse boukhare transformée par les Russes, quand ils se sont emparés de Samarkande, le 14 mai 1868. Le général Kauffmann, poursuivant l'Emir Mouzaffar-ed-Din qui battait en retraite sur Boukhara, avait laissé dans la citadelle le major de Stempel, avec une garnison de 685 hommes, la plupart blessés, malades ou convalescents. Les habitants se soulevèrent contre cette poignée d'hommes, et la population, aidée d'une armée de 10.000 Boukhares, mit le siège devant la forteresse encore démantelée. L'attaque, commencée le 12 juin, se continua sans une minute d'interruption, pendant six jours et six nuits ; le 18, quand Kauffmann accourut pour dégager la place, il était temps : la défense avait perdu un tiers de son effectif et les survivants étaient complètement épuisés. Nous avons tenu à visiter le lieu du combat, et l'excellent général Poukolow, mort si tristement depuis peu, nous accorda, avec une bienveillance extrême, l'autorisation de pénétrer dans la citadelle. Sur le rempart, des pièces de 90 millimètres garnissent les embrasures ; j'avise un officier, il fait ouvrir une porte, et nous entrons dans une cour étroite, obstruée par un hangar. Dans le fond, un bloc de marbre sculpté passe pour être le trône de Tamerlan ; les Emirs devaient s'y asseoir, en recevant l'investiture, mais, à l'avénement du souverain actuel, les Russes l'ont dispensé de cette formalité : un coussin qui avait été posé sur le Kok-Tach, a joué, dans la cérémonie du couronnement, le rôle du Kok-Tach lui-même. Tamerlan tenait audience dans cette cour de prison, entourée de grands murs sinistres, et ses jugements étaient immédiatement exécutés sous ses yeux : le bassin que voici recevait les têtes. Là où le sang a coulé à flots, s'élève aujourd'hui un dépôt d'approvisionnements, et sur le trône de Tamerlan on a déposé des caisses vides : le génie militaire sera partout le même.

Pour aller à la Porte Rouge, il faut traverser toute la ville indigène, au milieu d'une foule compacte de voitures et de cavaliers. Les rues, rafraichies par de jolis ruisseaux, ombragées par de grands arbres, sont bordées de maison basses, coupées de balcons chinois. Chaque habitation est précédée d'un large tablier, jeté au dessus de l'eau ; c'est là que les Sartes passent leur journée, l'ouvrier y travaille, le commerçant y expose sa marchandise, et, voici même des danseurs éxécutant sur ce plancher élastique des pas savamment étudiés. — Une large porte, vaguement peinte en rose, ferme la rue, au delà commence la Ville Rouge, où les femmes indigènes, violant la loi du Prophète, osent montrer leurs traits aux passants... ; n'insistons pas.

Nous déjeunions tranquillement dans la cour de l'hôtel, quand un grand brouhaha se fait entendre ; les garçons se précipitent, Mourad part à leur suite, et Mme Metzler nous annonce que le gouverneur en personne vient nous rendre visite.

— Messieurs, dit le général Poukolow, je dispose de vous pour toute la journée. A trois heures, rendez-vous à Châh-Sindéh où il y a aujourd'hui un office de derviches tourneurs, et, le soir, j'ai organisé une petite fête chez le *kazi*, le maire de la ville indigène. Faites-moi l'honneur d'y prendre part. Vous aurez ainsi l'occasion de visiter un intérieur sarte, de goûter la cuisine nationale, et d'assister à des danses dont vous me direz des nouvelles. Un de mes *djiguites* viendra vous chercher à six heures, nous passerons au Gour-Emir pour prendre quelques invités, et nous nous rendrons de là chez notre amphytrion. Convenu, n'est-ce pas?

Si nous avons été exacts au rendez-vous, inutile de le dire. A l'entrée de Chah-Sindéh, les *mollahs* attendent le gouverneur qui arrive bientôt, accompagné de deux interprètes militaires ; ce sont des Kirghis, au visage aplati, aux yeux bridés, protégés par des lunettes rondes, qui leur donnent l'aspect de lettrés chinois déguisés en officiers russes. Les cavaliers de l'escorte mettent pied à terre, et nous pénétrons dans une pauvre petite mosquée abandonnée ; une centaine de fidèles sont accroupis, les yeux tournés vers le chœur où vingt religieux, coiffés de bonnets pointus, sont agenouillés en cercle, et poussent avec ensemble des gémissements scandés par un balancement rapide d'avant en arrière. Insensiblement, la cadence s'anime ; aux gémissements succèdent des cris, puis des hurlements qui n'ont rien d'humain : ce sont d'effroyables grognements, lancés de toute la force des poumons et rappellant ceux des Aïssaouas. De minute en minute, l'exaltation augmente, les balancements s'accélèrent, les mouvements deviennent si violents que les corps semblent près de se briser, et que les têtes, ballottées par ces terribles secousses, menacent de se détacher du tronc. Pour stimuler leur zèle, les derviches s'administrent mutuellement de grands coups de poing, et, sur un signe du *mollah*, un sacristain passe une tasse de thé aux plus fatigués. Le rythme se précipite encore, les hurlements montent toujours, on croirait maintenant entendre une meute de chiens enragés ; enfin, après un crescendo formidable, dépassant la limite des sons qu'un homme peut articuler, les derviches, arrivés au paroxisme de l'exaltation, se lèvent, s'enlacent en un cercle étroit, où deux vieillards tournent sur eux-mêmes avec des bonds prodigieux.

Les autres continuent à hurler, à grogner, tous ont le corps brisé et l'écume aux lèvres : c'est une scène de folie furieuse. — Les *mollahs* se montrent assez sceptiques, mais les assistants suivent attentivement la cérémonie ; évidemment, ils sont empoignés, les yeux sont fixes, et les têtes se balancent involontairement, entraînées par le rythme. Le fanatisme religieux est tellement surexcité à ce moment, qu'il suffirait d'un geste pour que ces gens-là se jettent sur les infidèles dont la présence souille la sainteté du temple.

Il ne fallait rien moins que la fête du soir pour dissiper l'impression laissée par cette cérémonie dégradante ; aussi, à l'heure dite, étions-nous au Gour-Émir. Les *djiguites* de l'escorte, montés sur leurs petits chevaux à tous crins, prennent le galop ; debout sur les étriers, la courbache haute, ils cravachent sans pitié les malheureux piétons qui ne se rangent pas assez vite ; à leurs cris gutturaux, les voitures s'arrêtent, les passants forment la haie, les agents de police saluent militairement, et les indigènes s'inclinent avec respect devant les invités de M. le gouverneur. En leur honneur, on a balayé les rues, et même, luxe inouï, on a accroché sur leur passage quelques lanternes. Après un dédale de ruelles étroites, bordées de murs d'argile, les voitures s'arrêtent devant une maison d'apparence modeste, et dont rien ne révèle au dehors le luxe intérieur ; l'escorte met pied à terre et nous précède dans une cour charmante, entourée de galeries, et déjà envahie par une foule que les *djiguites* font ranger. Le sol est couvert de riches tapis, ainsi que les marches du perron occupant le fond de la cour ; on apporte des chaises et on sert le thé, pendant qu'une dizaine de jeunes gens exécutent quelques danses préliminaires : c'est le lever de rideau. Bientôt la nuit arrive, et le général nous invite à passer dans la salle à manger, longue pièce d'une blancheur éclatante, à peine décorée de quelques glaces persanes, aux encadrements multicolores. Des niches, tapissées de fayences et de stalactites, garnissent les encognures, mais le luxe de la décoration est réservé pour le plafond couvert d'inscriptions, de moulures, de festons artistement enlacés, dorés et peints de couleurs éclatantes. — Le maître de la maison doit avoir l'habitude de s'asseoir à terre et de manger avec les doigts, mais, pour faire honneur à ses invités, il a improvisé une table sur des tréteaux et réquisitionné tous les sièges et tous les couverts disponibles; du reste, il ne parait pas à table, et ne se montrera qu'à la fin de la soirée. Je serais bien en peine de dire ce que nous avons mangé ; on nous a servi du mouton sous toutes les formes, *pilamine*, *kawardak*, *pilaw*, un tas de choses assez médiocres en somme, et je préfère le petit vin blanc de Samarkande au précieux thé jaune que l'on sert avec respect dans des tasses microscopiques. — Au dehors, la foule s'impatiente, les tambourins résonnent, le général se lève, et nous le suivons sur le perron. A ce moment, la cour présente un aspect féérique : les verres de couleur éparpillés sur les tapis, et les lanternes accrochées aux balcons jettent sur l'assistance une lumière indécise. Au premier rang, nos *djiquites*, le révolver à la ceinture, puis, derrière eux, une foule compacte où l'on ne distingue que des turbans blancs, des visages basanés, et des yeux brillants où la curiosité allume une étincelle.

Sur les toits, une ligne de femmes, enhardies par la nuit, osent soulever leur voile, et avancent curieusement la tête, tandis qu'au fond de la cour un orchestre barbare accompagne un chant monotone du battement de ses tambours de basque. Les musiciens, aux doigts longs et nerveux, secs comme des baguettes, exécutent un roulement rythmé, entrecoupé par les beuglements sinistres d'une longue trompette, et leur cadence précipitée surexcite les petits danseurs qui sont le véritable clou de la soirée.

Tous jolis garçons, trop jolis même, ces *batchas* d'une douzaine d'années, bien découplés, grandis par une robe de soie aurore, efféminés jusque dans leurs moindres gestes. Les cheveux coupés, ras sur le sommet de la tête et flottant sur le dos, les yeux bistrés allongés au crayon, ils dansent avec des attitudes gracieuses et savent d'un joli mouvement de tête rejeter en arrière leur longue chevelure ; enfin, quand un tournoiement rapide a épuisé leurs forces, ils se laissent tomber à genoux dans une pose étudiée et pleine d'abandon.

Aux *batchas* succèdent des jongleurs, des mangeurs de feu, un merveilleux prestidigitateur chinois, des marionnettes et enfin un ours noir dansant, au son d'une serinette enrhumée, le quadrille de *Madame Angot*. Pauvre serinette ! par quelles aventures elle a dû passer, pour arriver à Samarkande, entre les mains d'un montreur d'ours thibétain.

Le programme est épuisé, un sarte de haute taille et de grande mine, vêtu d'un *khalat* de soie retenu par une ceinture d'argent ciselé, s'approche du général : c'est le maître de maison. *Salam-Aleïk*, serrements de main, nous remercions par une mimique expressive, et, traversant la foule, nous regagnons les voitures qui, d'un temps de galop, nous ramènent à l'hotel, toujours escortés par les *djiguites* du gouverneur.

Bien des mois se sont écoulés depuis cette soirée merveilleuse, et j'entends encore les furieux roulements des tambours de basque, je vois ces turbans pressés, ces petits danseurs étranges, la grande cour mystérieuse avec ses galeries, ses lampions, et, au dessus, le ciel profond de l'Asie, semblable à un *velum* de velours gros bleu semé de paillettes d'or.

Le lendemain, nous reprenions le chemin de la mer Caspienne, encore éblouis par cette vision merveilleuse de la ville célèbre qui, au dire du proverbe, ressemble au paradis. Les poètes ne lui ont pas ménagé leurs hyperboles, et le voyageur, ébloui par ses émaux brillants, frappé par la majestueuse ordonnance de tous ces monuments dressant au soleil leurs éclatantes broderies, se souvient que Samarkande a été appelé le foyer central du globe, la tête de l'Islam et l'Eden des croyants. — Devant les restes d'une civilisation si avancée, si colossale, témoignant d'une culture intellectuelle sans égale, on peut se demander si notre civilisation ne sera pas un jour détruite, elle aussi, par un nouveau Seldjouk, un Gengis-Khan ou un Tamerlan quelconque. Une population mystérieuse gronde dans les espaces démesurés de cette Asie qui fut le berceau de notre race, et constitue encore un inépuisable réservoir d'hommes. Ces gens-là sont incontestablement plus forts et plus braves que nous; le mépris profond de la vie humaine, que notre civilisation a fini par estimer à un prix monstrueusement exagéré, nous livrera peut-être un jour, sans défense, à des peuples barbares, faisant la guerre tout de bon, et jouant franc jeu (1). Qu'il leur naisse un grand homme, et ils reprendront encore une fois le chemin de l'Europe ; alors, on verra les archéologues de l'Extrême Orient venir en mission dans ce pays lointain qu'on appelait la France, étudier les ruines de la Sainte-Chapelle ou de l'Opéra, relever des inscriptions, rédiger des rapports, présenter des mémoires, et dix siècles de labeur détruits, disparus à jamais, marqueront à peine une étape dans l'histoire du monde.

Nous philosophons de la sorte dans le mauvais wagon qui va nous ramener d'une traite à la mer Caspienne. A Boukhara, nous jetons un dernier regard vers la ville indigène, puis commence le désert avec ses cadavres de villes ensablées dont le nom même est aboli, tandis qu'à l'horizon un mirage continu présente, durant des heures entières, une forêt sans fin se reflétant dans un lac trompeur. L'Oxus, toujours aussi grandiose, interrompt un instant la désolante monotonie du trajet, et le désert blanchit de nouveau sous le clignotement des étoiles. Le lendemain, nous trouvons la voie occupée par des équipes d'ouvriers indigènes, solides gaillards coulés en plein bronze ; les dunes ont encore une fois submergé les rails. La chaleur est étouffante, mais, grâce au thé bouillant, la traversée de Kara-Koum sera supportable, malgré le sable brûlant que l'on respire. A gauche, Annou groupe, sur un monticule artificiel, ses maisons persanes, ses tours et sa grande mosquée ; la ville est complètement déserte : un jour, les Turcomans sont venus et ils ont emmené tous les habitants en captivité. Bientôt, les

(1) Ed. Blanc, *Notes de voyage en Asie centrale — Samarkande* (*Revue des Deux Mondes*, 1893, I, p. 812.)

admirables montagnes de Perse profilent sur le ciel leurs grandes masses bleutées, et la voie s'approche assez près de la chaîne pour que plusieurs stations aient un jet d'eau. M. de Vogüé assure que ce tour de magie a contribué, autant que les baïonnettes, à prouver aux populations la puissance mystérieuse de la Russie. — Enfin, le dimanche au matin, on aperçoit la mer; nous sommes partis jeudi soir, voilà donc soixante heures que nous sommes ballottés dans un compartiment mal propre et mal commode.

Ouzoun-Ada est condamné à mort, la tête de ligne du Transcaspien va être reportée vers le nord, et on a commencé la construction de la ligne de raccordement entre Krasnowosk et Moullah-Kari. Quand elle sera terminée, les Russes déménageront les maisons de bois qu'ils ont plantées dans le sable, et Ouzoun-Ada aura vécu. — A 10 heures, l'*Alexis* lève l'ancre, mais la Caspienne, moins clémente cette fois, tient à nous faire connaître ses lames de fond, et, au lever du soleil, nous sommes devant Bakou : la ville persane étage ses maisons plates au pied de la forteresse des Khans, et les quartiers européens s'allongent paresseusement au bord de la mer, tandis qu'au loin la Ville Noire salit le ciel de ses tourbillons de fumée.

Après les épouvantables solitudes de l'Asie centrale, on est tellement heureux de rentrer dans la civilisation, que les raffineries de pétrole sentent moins mauvais, la terre paraît moins grise et le paysage moins désolé. Le matériel du Transcaucasien semble admirablement suspendu, et jamais je n'oublierai la délicieuse sensation de fraîcheur éprouvée, au réveil, sur les bords de la Koura, au milieu des bois et de la verdure.

XIII

DE TIFLIS EN FRANCE.

Deuxième traversée du Caucase. — Scènes bibliques. — Le Kazbek et l'Elbrouz. — Panorama de Vladicaucase. — La montagne flottante. — Le retour.

A Tiflis, deux voies se présentaient pour revenir en France, la mer Noire ou le Caucase : nous avons choisi cette dernière. Pour avoir une idée même superficielle de ces merveilleuses montagnes, il faut les traverser au moins deux fois. A notre premier passage, tous les arrière-plans étaient voilés, et quelques sommets, aperçus à la dérobée, nous avaient laissé plus de regrets que de souvenirs. Si nous avions entrevu le Kazbek, l'Elbrouz nous avait complètement échappé et nous ne soupçonnions pas les splendeurs du panorama de Vladicaucase, tant vanté des voyageurs. Quand on passe d'Asie en Europe, la première partie de la route n'offre qu'un médiocre intérêt ; ce matin, le vent est glacial, et, après les températures extrêmes de l'Asie centrale, la *bourka* elle-même ne parvient pas à nous en défendre. La *bourka* est le grand manteau de feutre que les Géorgiens portent en hiver, et cette longue chape noire, aux plis rigides, traînant jusqu'à terre, ajoute encore à la dignité de leur maintien. Il a neigé pendant la nuit, et les troupeaux, chassés de la montagne, descendent dans la plaine ; c'est une scène de l'Ancien Testament : les bergers, armés du *kindjal*, magnifiquement drapés dans leur *bourka*, un long bâton recourbé à la main, ont gardé les mœurs et le costume de leurs ancêtres bibliques. Malheureusement, les auberges sont également dans la tradition, et Passanaour offre un gîte aussi détestable que Mlet, où nous avons couché en allant. Au delà, les lacets habilement dessinés de la route grimpent parmi les champs d'azalées où l'automne jette déjà ses rougeurs, et l'on côtoie un abîme pour atteindre la borne marquant le sommet du col et l'attitude 7.694 ф (2.346m,67). A gauche, des sources ferrugineuses mettent une note rouge sur la blancheur de la magnésie; on dirait une tache de sang sur une coulée de neige. Plus loin, des pierres levées forment un cirque de dolmens, où les Ossètes se réunissent encore, la nuit, pour célébrer les mystères de leur culte, et, lorsque nous arrivons à Kazbek, le glacier, admirablement éclairé, dégagé de tout nuage, se détache en entier, éblouissant de blancheur, entre l'azur profond du ciel et le gris vert des pâturages.

Le monde entier n'a pas offert à la mythologie un site plus grandiose pour y clouer le Titan coupable d'avoir soufflé l'étincelle divine dans la tête de l'homme, image du génie écrasé sous la force brutale. A ses pieds, la route s'ouvre un étroit passage dans les roches sombres du Dariel, et la lourde voiture, entraînée par la pente, s'engage à fond de train sur les rampes étagées au-dessus du torrent. La voiture n'est pas enrayée, les chevaux ont les guides flottantes, et la route est obstruée par les rochers tombés des sommets; que le cocher ait une distraction, qu'un cheval fasse une faute, et nous roulons dans le Tereck. Il fait nuit quand nous arrivons à Vladicaucase, à demi morts de froid, mais émerveillés par cette descente fantastique où l'illusion du danger ajoute encore à la magie du tableau.

Le lendemain, le soleil levant nous réservait une autre surprise : la chaîne entière du Caucase se présentait sur un front de 1,100 kilomètres, gigantesque muraille séparant l'Europe de l'Asie. De la mer Noire à la Caspienne, c'était une ligne ininterrompue de sommets que la neige nouvelle parait d'une éclatante blancheur. Le Kazbek d'un côté, l'Elbrouz de l'autre, dominaient toute la chaîne de leurs masses colossales, et telle était la pureté de l'atmosphère que la vue percevait, avec une netteté sans pareille, des sommets surpassant de 836 mètres la cime la plus élevée du Mont Blanc. — Le chemin de fer qui nous conduit à Rostow court parallèlement à la chaîne, et, pendant une heure, nous avons une étonnante vision : les surfaces éclairées brillent d'un blanc intense, qui assombrit l'azur du ciel, et met en valeur les ombres diaphanes des revers ; les arêtes, bordées d'un liseré d'argent, laissent monter une légère fumée qui s'étend peu à peu, prend corps et devient un nuage.

A mesure que l'on s'éloigne, les premiers plans se fondent dans une buée violette, laissant les sommets visiblement suspendus dans le vide, comme ces glaciers fantastiques que l'imagination découvre dans un ciel orageux. Bientôt les sommets disparaissent à leur tour, la steppe s'étend à l'infini, seul l'Elbrouz apparaît au loin, planant dans l'espace, et, demain, sur les côtes de la mer d'Azow, nous apercevrons une dernière fois sa masse blanche, perdue à plus de 500 kilomètres de distance, comme une épave flottant au-dessus de l'horizon.

Pour revenir en France, nous avons longé la mer d'Azow,

grand lac cerclé d'arbres et entouré de vertes prairies ; nous avons visité Rostow, ville commerçante et vulgaire qu'il vaut mieux voir de loin ; Kharkow avec ses canaux infects et son université prétentieuse ; Kiew célèbre par ses cent églises, sa *lavra* fameuse et ses perspectives grandioses sur le Dniéper. Le pays change d'aspect, voici de vrais villages reliés par de véritables routes, ce n'est plus la Russie et sa civilisation factice, mais la belliqueuse et catholique Pologne, dont nous retrouvons à Varsovie le passé glorieux. A Cracovie, nous sommes en pays de connaissance, nos alérions lorrains y ont remplacé l'aigle blanc, et trente heures de chemin de fer suffiront pour nous ramener en France.

Si jamais la lecture de cette petite relation d'un grand voyage décide quelqu'un à l'entreprendre, qu'il me soit permis de terminer par un conseil. L'itinéraire que nous avons suivi nous a été imposé par les circonstances, mais il est défectueux et peut être facilement modifié. Quand la hauteur des eaux de la Volga permet le service régulier des bateaux, on recommande la descente du fleuve jusqu'à Astrakhan, où l'on s'embarque pour Ouzoun-Ada. Si, au contraire, ayant pris la route de Géorgie, le beau temps vous a permis d'avoir une idée des splendeurs du Caucase, suivez au retour le Transcaucasien jusqu'à Batoum, et là, embarquez-vous pour la Crimée, Odessa ou Constantinople.

En résumé, le voyage de Samarkande est long, mais facile et extrêmement intéressant ; il offre enfin un dernier avantage qui a bien son prix : nous avons fait 16.800 kilomètres sans rencontrer un seul Anglais.

BIBLIOTHÈQUE NATIONALE RF IMPRIMÉS

IMPRIMERIE DE NOTRE-DAME DE MONTLIGEON.

www.ingramcontent.com/pod-product-compliance
Ingram Content Group UK Ltd.
Pitfield, Milton Keynes, MK11 3LW, UK
UKHW022032170726
13837UKWH00002B/543

9 782019 958534